T0282983

Y VOLVERÁS
A ELEVARTE

Iosef Kleiner

Y VOLVERÁS
A ELEVARTE

Caín y Abel
desde una nueva perspectiva

EDICIONES OBELISCO

Si este libro le ha interesado y desea que le mantengamos informado
de nuestras publicaciones, escríbanos indicándonos qué temas son de su interés
(Astrología, Autoayuda, Ciencias Ocultas, Artes Marciales, Naturismo,
Espiritualidad, Tradición…) y gustosamente le complaceremos.

Puede consultar nuestro catálogo en www.edicionesobelisco.com

Colección Cábala y judaísmo
Y VOLVERÁS A ELEVARTE
Iosef Kleiner

1.ª edición: diciembre de 2022

Maquetación: *Isabel Also*
Corrección: *M.ª Ángeles Olivera*
Diseño de cubierta: *Enrique Iborra*

© 2022, Iosef Kleiner
(Reservados todos los derechos)
© 2022, Ediciones Obelisco, S. L.
(Reservados los derechos para la presente edición)

Edita: Ediciones Obelisco, S. L.
Collita, 23-25. Pol. Ind. Molí de la Bastida
08191 Rubí - Barcelona - España
Tel. 93 309 85 25
E-mail: info@edicionesobelisco.com

ISBN: 978-84-9111-934-0
Depósito Legal: B-20.849-2022

Impreso en España en los talleres gráficos de Romanyà/Valls S. A.
Verdaguer, 1 - 08786 Capellades - Barcelona

Printed in Spain

Reservados todos los derechos. Ninguna parte de esta publicación, incluido el diseño de la cubierta,
puede ser reproducida, almacenada, transmitida o utilizada en manera alguna por ningún medio,
ya sea electrónico, químico, mecánico, óptico, de grabación o electrográfico, sin el previo consentimiento
por escrito del editor. Diríjase a CEDRO (Centro Español de Derechos Reprográficos, www.cedro.org)
si necesita fotocopiar o escanear algún fragmento de esta obra.

a Susana,
mi amor, mi motor, mi sostén.

Prólogo

La idea de este libro comenzó a finales de la década de 1980. Comencé entonces a impartir una serie de clases para adultos sobre el libro del Génesis. Tenía, a la sazón, 26 años, y ésa fue la primera vez que tuve que explicar este texto a un grupo de adultos. Muchas veces antes ya lo había leído, pero esa lectura individual estaba siempre muy influida por «la lectura de los otros», es decir, por las interpretaciones tradicionales del texto y por la cultura popular. No había aún lugar para una reflexión más allá de lo (pre)supuesto.

Sin embargo, el desafío de explicar el texto a otros, y no sólo a mí mismo, me llevó a darme cuenta de una serie de contradicciones que el texto aparentemente tenía. Esas contradicciones, sobre las que debería dar cuenta en las clases, pensé, me llevaron a una reflexión más delicada y profunda.

Así, poco a poco y a lo largo de muchas clases, muchos encuentros de estudio, muchas reflexiones personales, muchas lecturas, muchas preguntas que me hacían quienes escuchaban mis explicaciones y muchas cuestiones que surgían una y otra vez en mi espíritu tras cada relectura, fueron surgiendo las ideas que componen este libro.

Fue Susana, mi mujer, quien me impulsó una y otra vez a que escribiera todo este contenido que solía volcar en las clases y en las conversaciones hogareñas sobre el relato de Caín y Abel.

El proceso de escritura me llevó también muchos años: había que rever el texto, reevaluar las conclusiones, leer y releer comentarios clásicos, tanto antiguos como más modernos, comentarios críticos, trabajos de investigación tanto en el campo bíblico como en el campo psicológico. Y como tantas veces ocurre en la cotidianeidad de la vida, lo urgente hace que dejemos de lado la tenacidad de ocuparnos de lo importante. Pero Susana no dejó de alentarme, de insistirme, de contagiarme su propia energía y entusiasmo. Así que logré poner toda mi concentración, allá por 2019, para reunir y revisar los capítulos que ya había escrito y agregar todo aquello que faltaba para producir, finalmente, un escrito que pudiera transmitir ese cúmulo de ideas, reflexiones y descubrimientos sobre el relato de Caín y Abel.

Ofrezco aquí a la lectura y el análisis de cada lector este nuevo recorrido por un texto en apariencia tan conocido y, sin embargo, tan poco comprendido, tan trillado en comentarios obvios y sobre el que tan poco se ha osado profundizar hasta la revolución del pensamiento.

Quiero agradecer a Juli Peradejordi, editor de Ediciones Obelisco, por el voto de confianza y la decisión de editar este libro, a Anna Mañas, responsable del departamento editorial y de derechos de autor, por el apoyo y el seguimiento a lo largo de todo el proceso de preparación para la edición, a Ma. Ángeles Olivera, por la dedicada y muy atinada corrección, a Keren, mi nuera, por sus buenos consejos sobre el diseño de tapa, a mi mujer, Susana, por su permanente apoyo, consejo, visión y vitalidad contagiosa. Agradezco a Dios el haberme otorgado mi capacidad de preguntar y de investigar y por haberme posibilitado llegar a la conclusión de este libro.

Espero que disfruten de la lectura y les deseo que ésta los lleve a nuevas preguntas y a la búsqueda de más respuestas, que permitan, que nos permitan, entender mejor y más empáticamente nuestra complejidad humana.

Rejovot, vísperas de Rosh Hashaná de 5782,
agosto de 2021.

Introducción

El relato de Caín y Abel es muy conocido, en principio muy conocido. Pero nuestro conocimiento de este texto está íntimamente influido por comentarios y opiniones muy arraigados ya en la cultura. Mucho se ha hablado y escrito sobre este conflicto entre hermanos que termina con la muerte de Abel a manos de Caín. En general, se entiende como obvio que Caín es un personaje siniestro que asesinó a sangre fría a su hermano, un indefenso servidor de Dios. Abel, por su parte, es bueno y hasta santo: es el elegido de Dios, martirizado hasta la muerte a causa de esta elección. Caín es malvado sin lugar a expiación, cruel fratricida que, por envidia, se rebela contra Dios y queda marcado por Dios con la mancha de la maldad. La lección del relato habla de lo malo que es rebelarse contra Dios, de lo malo que es el asesinato y del sufrimiento intrínseco de quien es siervo de Dios y Su elegido.

Esta manera de comprender el relato está tan enraizada en nuestro modo de ver a los personajes y sus comportamientos que, de hecho, termina erigiéndose en un obstáculo que predetermina al texto y que no nos permite aprender de él nada más.

Pero ¿es posible que el relato de Caín y Abel diga otra cosa? ¿Es posible que la conclusión, en realidad, sea casi opuesta a la tradicional? Leyendo con cuidado, quizás descubramos a un Abel que no es tan santo y a un Caín que no es ese horrendo criminal, sino un ser humano que cae bajo tremendos errores. La reacción de Caín, su disgusto y su decepción son producto de la interpretación que hace de los hechos, que probablemente sea errónea, consecuencia de falta de juicio y de dejarse guiar por sentimientos más que por la observación objetiva. Me atrevo a preguntar ¿quizás Dios no elige a Abel, sino que quiere impulsar a Caín a que mejore y se supere?

Los comentarios clásicos y modernos, así como las obras artísticas literarias y pictóricas sobre Caín y Abel que tanta influencia tienen sobre nuestra opinión en la cultura, no tocan sino la superficialidad del relato, no se arriesgan a internarse más allá de lo que consideran obvio. Sólo atinan a dar vueltas alrededor del mismo tema repitiéndolo en un sinfín de variaciones sin poder ya descubrir en él niveles más profundos, distintos y quizás más significativos. Nosotros, los lectores, ya no leemos el texto, sino que dejamos a nuestros preconceptos interpretar la letra aun antes de acercarnos a ella.

Creo que esta historia contiene un mensaje que va más allá de la abominación del fratricidio, de la rebelión contra Dios o del martirio del elegido de Dios. Si de establecer la prohibición de matar a un hermano se tratara, habría sido suficiente con que la Torá[1] decretara la prohibición (como, de hecho, sucede en los siguientes libros de la Torá). Para ilustrar el decreto habría bastado con la imagen del asesinato, fuerte y espeluznante de por sí. ¿Por qué agregar el preludio del sacrificio rechazado y la coda de la descendencia de Caín y sus avatares? Si se tratara de la rebelión contra Dios, ¿por qué no se menciona explícitamente que Caín se rebeló? Es más, ¿por qué Caín no es mencionado jamás en ninguna parte de la Biblia[2] como el ejemplo del rebelde contra Dios? Si el meollo de este relato fuera el fratricidio, ¿por qué la Torá no

---

1. *Véase* el glosario al final de la obra.
2. Al hablar de Biblia a lo largo de todo este libro, me refiero exclusivamente a los 24 libros incluidos en el canon judío y que, en la tradición cristiana, son conocidos como Antiguo Testamento. Quedan fuera del término Biblia utilizado en este ensayo los libros apócrifos o seudoepigráficos, algunos de los cuales están incluidos en la versión griega (Septuaginta) del Antiguo Testamento, tales como Tobit, Judit, Macabeos, Eclesiástico (Ben Sira), etc. Tampoco incluyo en el término los libros del Nuevo Testamento. Cuando quiera hacer referencia a alguno de los libros apócrifos, seudoepigráficos o del Nuevo Testamento, los mencionaré en particular. Para los términos *apócrifo* y *seudoepigráfico*, *véase* el Glosario al final de la obra.

vuelve jamás a mencionar este terrible homicidio, ni siquiera en relación con la prohibición general de asesinato? Y si el relato tratara del sufrimiento del servidor de Dios, del martirio de quien es elegido por el Señor, ¿por qué el texto no dice nada sobre el sentido de este martirio, sobre el destino del alma del siervo sacrificado, sobre el tratamiento que Dios da a Su elegido? Es más, Dios protege a Caín con una marca para que nadie lo mate, ¡pero sobre Abel o su alma no extiende protección alguna! Es más, ¿por qué nunca más vuelve a mencionarse a Abel en toda la Biblia?

Y si nada de esto es mencionado en la Torá, esperaríamos que al menos sí lo fuera en algún otro libro bíblico, en especial, quizás, en alguno de los profetas. Caín como el ejemplo de rebeldía contra Dios, del hermano traicionero, del malvado fratricida... sin embargo, un ominoso silencio se extiende en toda la Biblia.

Ni Caín, ni el fratricidio ni Abel vuelven jamás a ser mencionados a lo largo de los 24 libros de la Biblia.[3]

Pero más llamativo aún es que dentro del relato mismo la sentencia que Dios le impone a Caín no se condice con lo abominable del asesinato. La pena que más adelante impone la Torá por asesinato es la muerte misma, pero aquí, por el asesinato de un hermano, ¡Dios sólo impone la expulsión, el destierro!

La deleznable acción de Caín no se utiliza ni siquiera como base o justificación de mandamiento alguno para las generaciones posteriores.[4] La moraleja parece quedar agotada en el relato mismo: las conse-

---

3. En los textos cristianos del Nuevo Testamento, Caín y Abel son nuevamente mencionados. Ambos hermanos aparecen ahora investidos de las características con las que serán conocidos hasta el día de hoy: Caín es el malvado y Abel es el justo que muere como mártir por su dedicación a Dios (ver Mateo 23:35; Lucas 11:51; Hebreos 11:4; Juan I 3:12 y Judas 1:11). Estos textos pertenecen ya a la época de la exégesis bíblica que encontramos, paralelamente, en la tradición judía misma, a partir del siglo I e. c. Caín y Abel aparecen también mencionados en algunos libros seudoepigráficos como *La vida de Adán y Eva* (*Vita Adae et Evae*), *La historia de Adán y Eva* (también conocido como *Apocalipsis de Moisés*), el Libro de los Jubileos y el Testamento de los Patriarcas.

4. Comparar con otras instancias del Génesis, donde la acción del protagonista de la historia da origen a una costumbre o a un mandamiento: la circuncisión (Gen.

cuencias y las conclusiones se limitan a Caín y a los que se relacionen directamente con él; no hay ninguna referencia ni a las generaciones posteriores ni a la moral en general. Cuando la Torá proclama la prohibición de asesinar,[5] ésta se refiere a todo ser humano por igual, sin hacer referencia alguna a la relación filial,[6] y sin siquiera mencionar ni directa ni indirectamente el primer fratricidio. La relación filial no juega ningún papel especial: no transforma al hecho en más abominable que el asesinato de cualquier otro ser humano. Ni siquiera se nos dice: «No matarás a tu hermano», o «quien matare a su hermano ha hecho una abominación». La Torá se refiere al agredido en términos de «prójimo», de «un hombre», o de «todo ser humano» {KoL NeFeSH 'aDaM}

17:10-14 y 23-27), el nombre de la ciudad Beer Sheva (id. 26:33), la prohibición de comer el nervio ciático (id. 32:33) o el predecesor de la pena capital por homicidio, establecido por Dios después de que Noé sacrificara animales tras el Diluvio (id. 9:6).

5. Los términos que usa la Biblia para designar el asesinato son: RaTZaH [רצח] (asesinar), HaRaG [הרג] (matar), SHaFaJ DaM [שפך דם] (derramar sangre), e incluso HiKáH/MaKéH [הכה / מכה] (golpear). Sin embargo, para que «golpear» sea considerado asesinato, el texto agrega, generalmente, la condición de que el agredido muera («golpeó a su prójimo y éste murió»), pues si no, la palabra significa simplemente «golpear», como en el caso de quien golpeare a sus progenitores (*véase* nota 8).

6. La prohibición de asesinar aparece en diversas secciones de la Torá. La primera mención específica está en Gén. 9:6. Cuando Dios ordena los mandamientos básicos a Noé tras el Diluvio, le dice: «Quien derramare sangre de humano, por el humano su sangre será derramada; pues a imagen de Dios hizo al humano». La siguiente mención se encuentra en los Diez Mandamientos (Exo. 20:13 y Deut. 5:17), si bien sin establecer el castigo para quien transgreda. La pena para el asesino aparece prescrita en Exo. 21:12-14 y se repite en Lev. 24:17 y 21, en Núm. 35:16-21 y en Deut. 19:11. Esta pena no es divina, sino que ha de ser aplicada por los humanos, pero en caso de que la pena humana no pudiere ser puesta en práctica, la Torá menciona también la posibilidad de intervención divina (Gen. 9:5 y Lev. 20:4-5). Tampoco aquí hay ninguna referencia a Caín ni al castigo que Dios le impuso.

[כל נפש אדם]⁷; mas la relación de familia o la palabra «hermano» no se mencionan.⁸

Podemos, pues, conjeturar que el relato va más allá de lo evidente y que hay otros aspectos presentes en él que han sido soslayados por los exégetas y las tradiciones religiosas y filosóficas, quedando velados a causa de la atroz imagen de un hermano matando a otro. Veremos que estos temas que se han soslayado son, de hecho, características profundas y complejas del alma humana, y que esta historia nos transmite una enseñanza justamente sobre ellas. Para aprehenderla debemos comprender, en primer lugar, de qué tratan los relatos que enmarcan el asesinato: como preludio, el sacrificio rechazado, y, como coda, la descendencia de Caín y sus avatares. Más que un marco que sirve al texto sobre el primer fratricidio, todos los relatos en esta historia forman un texto completo que presenta cuadros distintos de la vida misma, del comportamiento humano en sus diversos aspectos: los aciertos, los errores, el afán, la responsabilidad y la tragedia.

La magia de este texto es situarnos ante algo que aparenta ir en un sentido: fatalismo, destino, polaridad entre bueno y malo; pero que

---

7. Hemos preferido, en la transcripción fonética de los términos hebreos, reflejar la pronunciación hebrea moderna y no hemos seguido la transcripción científica-académica. Utilizamos los fonemas del castellano más similares a los del hebreo moderno hablado. Como el hebreo se escribe exclusivamente con consonantes, hemos resaltado éstas con mayúsculas y negritas. Los signos vocálicos fueron introducidos en la grafía hebrea alrededor del siglo VIII e. c. como un sistema auxiliar para la lectura y pronunciación de las palabras. Estos signos figuran en las versiones impresas de la Biblia en hebreo, pero no han sido incluidos en el texto bíblico en forma fija. Por ello preferimos transcribir las vocales en minúsculas. Por otro lado, la forma consonántica de la palabra permite ver la raíz y, en muchos casos, descubrir y comprender relaciones semánticas entre vocablos que, de otro modo, se nos escaparían. Para una lista de las equivalencias fonéticas, *véase* el Anexo I.

8. El único caso en el que la Torá menciona en especial la relación familiar cuando se trata de una agresión física es aquel en el que una persona golpea a su padre o a su madre. En este caso, el castigo por la transgresión es la pena capital, aun si el agresor no causó la muerte de sus progenitores. Por esta razón se menciona la relación familiar, pues es una excepción a la regla general: sólo en el caso de agresión física contra los padres, sin importar las consecuencias, se impone la pena capital. En los otros casos, si hay homicidio, es pena capital, pero si no, el agresor sólo ha de pagar indemnización.

requiere nuestro análisis, como lo requiere la vida, para descubrir que se dirige hacia otra dirección: apertura, posibilidad de cambio, riqueza de gamas entre los extremos, complejidad de sentimientos y reacciones.

Los invito a que me acompañen a leer de nuevo este texto, a analizarlo en detalle y a descubrir en él otros perfiles. Podremos encontrar a un Caín que quizás no era tan malvado, si bien su espíritu incontrolado, quizás iracundo, lo llevó a cometer un acto terrible y abominable. Pero en muchos aspectos es un personaje que tiene mucho que enseñarnos sobre el carácter humano, los afanes, los errores y los aciertos del ser humano. Caín ha roto su relación con la tierra y también con Dios. Ha establecido un desequilibrio, y debe encontrar otra vez el equilibrio perdido. Ésa es su paradoja y ése es su desafío. Veremos a Abel bajo una nueva luz, menos inmaculado, más cercano a la miseria humana y con un comportamiento no exento de aspectos negativos. Si bien nada justifica su asesinato, comprenderemos que Abel quizás no fue una víctima pasiva que sufrió el abuso de un desalmado, sino que es el símbolo de un determinado carácter humano.

Mis conclusiones tendrán dos aspectos: uno exegético bíblico, es decir, el intento de comprender el texto en sí mismo; el otro, práctico-psicológico, o, lo que es lo mismo, las enseñanzas de este relato en lo que se refiere a nosotros mismos, seres humanos, y a nuestra manera de actuar.

A lo largo de este análisis intentaré adentrarme en los vericuetos del texto, exigiéndole que nos revele lo que contiene más allá de lo aparente, de la palabra en apariencia explícita. Extraeré esos aspectos que se esconden entre sus letras, entre las ideas que vierte, entre las conexiones que, directa o indirectamente, establece con otras partes de la Torá. Para lograrlo, abordaré el texto intentando despojarme, en la medida en que sea posible, de ideas preconcebidas con respecto al relato, dándole la oportunidad de impresionarme directamente y sin intermediarios, así como comparando expresiones idiomáticas e intentando descubrir significados buscándolos en otros contextos bíblicos.

I

El conflicto entre el texto
y los valores que conocemos

El relato de Caín y Abel nos produce consternación al leerlo. El conflicto que nos presenta no se resuelve de manera que satisfaga el sentido de justicia al que la misma Biblia, en apariencia, nos ha acostumbrado: el malvado debe recibir un castigo de acuerdo con su maldad. Caín ha asesinado a su hermano a sangre fría y, a pesar de lo tremendo de su acción, ¡sólo es castigado con la expulsión de su lugar de residencia!

Lamentablemente (o, quizás, por suerte), la Biblia no siempre nos da el placer de la satisfacción inmediata de nuestro sentido de justicia. Esto es en especial cierto en el texto de la Torá, que requiere que apliquemos nuestras capacidades intelectuales y espirituales más allá del límite de una simple y, a veces, superficial lectura, más allá de nuestras sensaciones y primeros impulsos.

Sin embargo, no sólo por el fratricidio nos quedamos con la sensación de que el texto está en deuda con nosotros. Hay demasiadas cosas que no se ajustan a lo esperado, e incluso podríamos decir que contradicen el espíritu general de la Torá. Sí, el relato de Caín nos resulta difícil de digerir intelectual y espiritualmente.

Veamos los diversos problemas con los que nos enfrentamos:

En primer lugar, parece que es Dios mismo el que incita los celos de Caín, pues, sin un motivo claro, muestra preferencia por el sacrificio de Abel frente al de Caín. En ningún momento se nos aclara de manera explícita por qué Abel es mejor que Caín como para justificar esta falta de ecuanimidad por parte de Dios. Tras la lectura, nos queda el sabor un tanto amargo de una pregunta que no es fácil de formular: si Dios es omnisciente, ¿no vio que Su preferencia traería los celos de Caín que llevaron al asesinato de Abel?

En respuesta a ese asesinato, Caín recibe un castigo que no reviste la severidad que esperamos. La pena por asesinato que impone la Biblia es, por lo general, la muerte. Hay atenuantes que reducen o anulan el veredicto, sí, pero no los encontramos en el caso de Caín. No se trata de una muerte accidental, y tampoco hay elementos que atenúen la pena como un acto de ira repentina, y todo parecería indicar que Caín actuó con premeditación y alevosía. Como todo castigo, Caín es tan sólo expulsado de su tierra y debe deambular por el mundo. Es más, finalmente logra asentarse y deja de deambular a pesar del castigo divino. ¡A esto se añade la protección especial de Dios! Éste le agrega una marca para evitar que quien lo encuentre lo mate. ¡El asesino sigue viviendo tranquilo y protegido por Dios!

El texto no formula ninguna enseñanza; parecería que está truncado, sin un corolario, sin una moraleja para las generaciones venideras. Es como si el primer asesinato de la historia de la humanidad no se erigiera como una señal de alerta para los descendientes de Adán. La historia queda agotada en sí misma tan sólo como una trágica anécdota. Es más, hemos de esperar hasta el Diluvio para encontrar la primera advertencia de la Torá contra el homicidio. «Quien derramare la sangre de un ser humano por un ser humano su sangre será derramada» (Gén. 9:6): es lo que Dios le ordena a Noé al darle las leyes básicas con las que la humanidad habrá de regirse tras el Diluvio. ¡Y ni siquiera se recuerda el horrendo acto que Caín hizo nueve generaciones atrás!

Los descendientes de Caín son los creadores de la cultura y quienes desarrollan la primera civilización, fundando ciudades, inventando las tiendas, los instrumentos musicales y el forjado de metales (Gén. 4:17-22). La relación tan cercana entre Caín y los forjadores de la cultura y la civilización no deja de ser molesta. Es cierto que Abel murió sin hijos, por lo que es imposible que la civilización y la cultura fueran producto de su descendencia. También se puede aducir que la descendencia de Caín no necesariamente debe cargar con la culpa del padre. Pero el texto bíblico podría haber referido la creación de la civilización humana, de los avances, de la tecnología y del arte a algún personaje más positivo ¡mas no al asesino fratricida! Si este relato es una parábola, cabe preguntarse por qué el texto fue escrito así y no de otra manera. Pero incluso para quienes el texto presenta una realidad histórica y no una mera parábola, es posible preguntar por qué Dios permitió que la descendencia del malvado, del destructor asesino, sea la creadora de la civilización en lugar de haber ordenado las cosas en Su mundo de tal manera que una persona más positiva hubiera sido la iniciadora de aquello que, en definitiva, terminamos siendo nosotros mismos: la civilización humana. ¿Por qué no fue Set, el siguiente hijo de Adán y Eva, el forjador de la cultura en vez del asesino Caín? Eso hubiera sido una enseñanza más positiva y moral, ya que la cultura estaría directamente ligada a la construcción y al avance, sin conexión con el asesinato y la destrucción. Hubiera tenido también como corolario la moraleja de la capacidad de sobreponerse a la pérdida, pues Adán y Eva engendraron a Set tras la trágica muerte de Abel.

En la Biblia, y en especial en la Torá, los nombres de las figuras principales en toda historia simbolizan sus características reales, su modo de comportamiento en la vida y no tan sólo los buenos deseos de sus padres. Más aún, si las características del personaje cambian durante su vida, también lo hace su nombre, como es el caso de Abrahán, Jacob o Josué.[1] Pero en el relato que nos ocupa parecería que existe una contradicción entre la tipología primera que se nos presenta y las actitudes reales que los hermanos tomaron durante su vida. Los nombres de Caín y Abel preanuncian algo totalmente distinto a las características de estos personajes. Caín significa «forjador» y, de entre los dos hermanos, es él quien sigue el mandato de Dios de trabajar la tierra tras la expulsión del Edén. Además, también es Caín el primero que tiene la iniciativa de entregar una ofrenda a Dios. A pesar de esta tipología tan positiva, Caín se nos dibuja como el malvado y destructor. Abel, por su parte, es un nombre que significa «vano», y con su ocupación de pastor desatiende completamente el decreto de Dios.[2] Además, su ofrenda a

---

1. *Véase*, en el capítulo IV, la relación entre el nombre y el carácter de la persona en los textos bíblicos.
2. Sobre la problemática de la ocupación de los hermanos, *Véase* el capítulo V.

Dios es el sacrificio de un animal, es la matanza de la bestia ofrendada. Aún así, la imagen de Abel con la que nos quedamos es la del hombre bondadoso, inocente e incluso mártir.

Así pues, este texto parece tener una gran cantidad de cabos sueltos que no coinciden con la imagen de un Dios justo y ecuánime, de un Abel buenísimo, justo», cuasi-santo, y de un Caín malvado y envidioso que asesina a sangre fría y que luego se desentiende de su acto respondiéndole groseramente a Dios. Y son estas contradicciones las que me han llevado a adentrarme a fondo en las palabras y en las significaciones que encierra este extraño capítulo del comienzo de la Torá.

He decidido presentar, primero, aquello que ya se ha escrito sobre los hermanos. El capítulo II está dedicado a un relevamiento de los comentarios y explicaciones ya clásicos como académicos, tanto de origen judío como cristiano y musulmán. Este relevamiento intenta ser minucioso, pero está lejos de ser exhaustivo, aunque creo que presenta una visión bastante amplia de las ideas vertidas a lo largo de los siglos sobre Caín y Abel.[3]

En el capítulo III reproduzco el texto bíblico que es la fuente original del tema que nos ocupa. Este texto incluye los capítulos 3 y 4 del Génesis, ya que creo que es importante tener en cuenta también el contexto en el que la Torá ubica el relato: el momento de la expulsión del Edén.

Tras esta etapa de presentación del material existente, me dedicaré al análisis del texto en sí a partir del capítulo IV.

---

3. Además de los comentarios a los que haré referencia en el siguiente capítulo, se pueden consultar las revisiones generales de los comentarios clásicos judíos, cristianos y musulmanes de V. Aptowizer, «Kain und Abel in der Agada, den Apokryphen, der hellenistischen, christlichen und muhammedanischen Literatur (Veröffentlichungen der Alexander Kohut Memorial Foundation)», R. Löwit Verlag, Wien, 1922, y de J. Byron, «Cain and Abel in Text and Tradition: Jewish and Christian Interpretations of the First Sibling Rivalry», Brill, Leiden, 2011. Para una comparación de diversos críticos bíblicos modernos, ver V. Hamilton, «The Book of Genesis, Chapters 1-17» , William Eerdmans Publishing Co., Grand Rapids, Míchigan, 1990.

II

Los comentarios clásicos
y los comentarios académicos

Los comentarios clásicos

El libro apócrifo Adán y Eva (también conocido como Apocalipsis de Moisés), fue compuesto, aparentemente, en el siglo I e.c., y dice al comienzo del primer capítulo:

> Adán cohabitó con Eva, su mujer, quien concibió y dio a luz a dos hijos: a Diáfoton, llamado Caín, y a Amilabés, llamado Abel.[1]

Diáfoton, el nombre que el texto le atribuye a Caín, significa «pleno de luz», lo que indicaría una valoración positiva del autor del libro con respecto al primogénito de Adán y Eva. Sin embargo, Mordejai Hak, en su traducción al hebreo de este libro a partir de manuscritos griegos,[2] aclara que hay ciertos manuscritos que modifican el nombre por Adiáfoton, es decir, «falto de luz». Hak explica que, según parece, estos dos nombres para Caín son producto de una traducción errónea de la palabra hebrea Na'oR [נאור] , ya que ésta puede entenderse como conec-

---

1. Libro de Adán y Eva 1:3, en Abraham Cahana (editor): «Ha-sefarim ha-ḥitzonim» [en hebreo], vol. I, pág. 6, Makor Publishing Ltd., Jerusalem 1978. Ver también V. Aptowitzer, *op. cit.* Pág. 1.
2. En la edición de Cahana (*véase* nota anterior).

tada a la palabra ʿoR [אור] = luz; o bien, como derivada de la raíz **N.ʿ.R.** [נאר], cuyo significado es «destruir» (como en Lamentaciones 2:7). Con respecto al nombre de Abel, Amilabés, Hak conjetura que es una deformación de algún término hebreo derivado de **LeV** [לב] = corazón, y que el nombre significaría, probablemente, «bien intencionado». Ginzburg, por su parte, propone que el nombre Amilabés es una deformación de la palabra hebrea **HaMeHuBaL** [המחובל], es decir, «el dañado», o «el destruido».[3]

Es decir, que el libro de Adán y Eva, según la interpretación de Hak y de Ginzburg, presenta a Caín como el destructor. De hecho, el mismo libro describe a Caín más adelante en términos tremendamente crudos:

[díjole Eva a Adán]: Señor mío, he visto en un sueño esta noche que la sangre de mi hijo Amilabés, llamado Abel, era derramada sobre la boca de Caín, su hermano, y éste la bebía con crueldad.

Filón de Alejandría,[4] por su parte, entiende que este relato sobre los dos hermanos es una alegoría sobre el Bien y el Mal: Caín es la personificación del Mal y del egoísmo, mientras que Abel es la personificación del Bien y del desprendimiento personal a favor de Dios.

Lo que Caín propone hacer [invitando a Abel a ir al campo] es lo siguiente: habiendo llevado a Abel, a través de la invitación, a una disputa, intenta convencerlo por medio de la fuerza, utilizando sofismas posibles y probables; ya que el campo al cual lo invita a ir es un símbolo de la rivalidad y la disputa.[5]

---

3. Ver Louis Ginzburg, «The Legends of the Jews», vol. V, pag. 135, The Jewish Publication Society of America, Filadelfia, 1925.
4. *Véase* el Glosario al final de la obra.
5. Filón de Alejandría: «Sobre las habituales intrigas de lo peor contra lo mejor», § I, tomado de la versión inglesa «The Works of Philo Judaeus», vol. I, pág. 241, traducido por Charles Duke Yonge, George Bell & Sons, Londres, 1800 (digitalizado en 2006 por Google Books).

Es claro que ellos [Caín y Abel] representan opiniones opuestas y rivales: Abel, que refiere todo a Dios, es la opinión del amante de Dios; Caín, que refiere todo a sí mismo (pues su nombre, según la interpretación, significa adquisición), es la opinión de quien se ama a sí mismo. Y los hombres se aman a sí mismos cuando, una vez que han ido a la arena con aquellos que honran la virtud, no cesan de luchar contra ellos utilizando cualquier tipo de arma hasta que los obligan a sucumbir o los destruyen totalmente.[6]

Es de notar que Filón toma la raíz hebrea del nombre de Caín {Q.N.H.} [קנה] con el significado de «comprar» o «adquirir»,[7] y esto es lo que refleja su carácter egoísta y egocéntrico, del que se deriva su modo de actuar.

Este tema de Filón es retomado por la Primera Epístola de Juan en el Nuevo Testamento, donde también allí Caín es la personificación del Mal, y Abel, la del Bien.

No como Caín, que era del maligno y mató a su hermano. ¿Y por qué causa lo mató? Porque sus obras eran malas y las de su hermano, justas.[8]

Para la Primera Epístola de Juan, entonces, Caín era esencialmente maligno, y el asesinato fue una consecuencia directa del carácter de esta persona: Caín es malo *a priori* y no por haber asesinado. Filón, por su parte, determina que Caín era egocéntrico, ya que *refiere todo a sí mismo* y, como tal, intenta destruir la virtud, representada por Abel. También aquí el asesinato no tiene motivo, sino que es la consecuencia directa del carácter de la persona.

Otras interpretaciones dan lugar a pensar que sí hubo un motivo para el asesinato. Cuando Caín invita a Abel a salir al campo, el versículo 8 dice que Caín comenzó a hablarle a su hermano, pero falta lo que

---

6. Filón de Alejandría, *idem*, § X, pág. 249.

7. Sin embargo, más adelante, en el capítulo IV, veremos otro significado de esta raíz, y es probable que de este último derive realmente el nombre Caín, y no como lo supone Filón.

8. 1 Juan 3:12.

le dijo.[9] Aptowitzer señala que este hueco en el texto ha llevado a muchos *agadistas*[10] a entender que hubo un violento cambio de palabras entre los hermanos, que llevó a la trágica consecuencia. ¿Cuál fue el contenido de la riña? Los distintos comentaristas agádicos difieren al respecto, como nos explica Aptowitzer,[11] quien divide las exégesis en cinco temas:

1) Los hermanos discuten sobre el sacrificio no aceptado de Caín.

2) El reparto de las posesiones en el mundo.

3) La controversia sobre el sitio donde se construirá el Templo en el futuro.

4) La controversia sobre la hermana melliza de Abel.[12]

5) La controversia sobre la Eva primigenia.[13]

Como ejemplo del primer tema, podemos tomar al *Targum Ionatán*,[14] que amplía la traducción del versículo 8 agregando un diálogo entre los hermanos, en el que Caín sostiene que no hay justicia en el mundo, ya que su sacrificio no fue aceptado, mientras que el de Abel sí

---

9. «Díjole Caín a su hermano Abel [...] y cuando estaban en el campo se abalanzó Caín sobre su hermano Abel y lo mató» (Gén. 4:8).

10. *Véase* el Glosario al final de la obra.

11. V. Aptowitzer, *op. cit.*, pág. 11.

12. Hay *midrashim* que refieren que con cada uno de los hermanos nació una hermana melliza. La base de esta interpretación es el agregado de la preposición hebrea " 'eT" [את], que significa tanto «a», como «con». En su acepción de «a», puede ser omitida en la oración en el hebreo bíblico, y su inclusión, entonces, es opcional. Hay exégetas que sostienen, por tanto, que si esa preposición figura en el texto debe ser interpretada como «con», ya que en su sentido de «a», podría haber sido omitida. En el relato del nacimiento de Caín aparece una vez: «dio a luz a ['eT - את] Caín», y es interpretado como «dio a luz *junto con* Caín». El *midrash* infiere que quien nació junto con Caín es una hermana melliza. En el caso de Abel la preposición aparece dos veces: «dio a luz a ['eT- את] su hermano, a ['eT- את] Abel», de lo que el *midrash* infiere que *junto con* Abel nacieron dos hermanas. Cada hermano tomaría por mujer, entonces, a su propia hermana melliza, y la disputa surgió por quién tomaría por mujer a la tercera hermana.

13. *Midrashim* y leyendas más antiguas hacen referencia a la creación de una mujer primigenia antes de Adán. Esta mujer se habría rebelado contra Dios, por lo que Dios creó al varón y de allí produjo una segunda mujer, sumisa al varón. Sin embargo, la Eva primitiva continúa activa seduciendo a los varones.

14. *Véase* Glosario al final de la obra.

lo fue. Abel sostiene con insistencia lo contrario, y en el ardor de la discusión, se trenzaron en pelea en el campo y allí Caín mató a Abel.

Diversos autores antiguos siguieron este razonamiento, según el cual los dos hechos relatados (el rechazo de la ofrenda de Caín y el asesinato de Abel) están íntimamente ligados, y uno es consecuencia del otro. Encontramos ejemplos de esto en el Libro de los Jubileos y en Flavio Josefo.[15] También el Corán, en el siglo VII e. c., se hace eco de esta conexión entre el rechazo de la ofrenda de Caín y el asesinato de Abel, y asume que el motivo de ese rechazo es la maldad intrínseca de Caín. En la Sura 5:25-30 leemos:

Relátales, como exposición de la verdad, la historia de los dos hijos de Adán: cómo ambos ofrecieron un sacrificio y fue aceptado el de uno de ellos pero no el del otro. Éste dijo: «¡Ten por seguro que te mataré!». Respondió aquél: «Ciertamente, Dios sólo acepta de aquellos que son conscientes de Él. Aun si levantaras tu mano para matarme, yo no levantaré mi mano para matarte: en verdad, temo a Dios, el Sustentador de todos los mundos. Prefiero, en verdad, que cargues con todas las ofensas que yo he cometido, y también con las ofensas cometidas por ti. Entonces estarías destinado al fuego, pues ése es el pago a los malhechores». Pero la pasión del otro le impulsó a matar a su hermano; y le mató, convirtiéndose así en uno de los perdedores.

Los otros cuatro temas que menciona Aptowitzer encierran los tres motivos principales alrededor de los cuales gira la mayoría de los conflictos entre los seres humanos: posesiones, sexo y religión. El siguiente *midrash*[16] ilustra con claridad estos temas:

¿Sobre qué estaban discutiendo? Dijeron: dividamos el mundo. Uno tomó las tierras y el otro tomó las cosas muebles. Entonces uno dijo: «La tierra sobre la que estás parado es mía», y el otro le respondió: «Lo que tú vistes es mío, quítatelo». El primero le dijo: «Vuela». En medio de esto es que se abalanzó Caín sobre su hermano Abel y lo mató.

15. Jubileos, 4:2; Flavio Josefo, «Antigüedades judías», libro I, cap. 2 § 1.
16. *Véase* Glosario al final de la obra.

Rabi Iehoshúa de Sajnín, en nombre de Rabí Levi, dijo: «ambos tomaron las tierras y las cosas muebles. ¿Sobre qué discutieron, entonces?». Uno dijo: "«En mi territorio se construirá el Templo" y el otro respondía: "En mi territorio será construido" [...]. En medio de esto es que se abalanzó Caín sobre su hermano Abel y lo mató».

Iehudá bar Ami dijo: «Discutían sobre la primera Eva».

Rabí Ebo dijo: «La primera Eva regresó al polvo». ¿Y sobre qué discutían?

Dijo Rabi Huna: «Con Abel nació una melliza de más. Uno de los hermanos dijo: "La tomo yo, pues soy el primogénito", mientras que el otro decía: "La tomo yo, pues nació junto conmigo". En medio de esto es que se abalanzó Caín sobre su hermano Abel y lo mató».[17]

En este *midrash*, Caín no es el único responsable de la discusión, sino que Abel tomó parte activa en ella. Esto difiere de manera radical de las posturas que toman a Caín como el único activo en el conflicto, mientras que Abel intentaba evitarlo. Hay otro *midrash*, en *Pirké de Rabi Eliezer*, que sitúa a Caín como único responsable de la disputa, y unifica el tema del sacrificio rechazado con el del apetito sexual:

Rabi Tzadok dice: «Entró el odio en el corazón de Caín sobre su hermano Abel, pues su ofrenda había sido aceptada. Además, la melliza de Abel era la más bella de las mujeres y Caín la deseaba. Así es que dijo: "mataré a mi hermano Abel y le quitaré a su melliza"».[18]

Rabi Abraham Ibn Ezra[19] (siglo x), sin embargo, entiende que no hubo ni un diálogo ni una discusión entre los hermanos. En su exégesis conocida como *Shiṭah Aḥeret* (= «El Otro Método»),[20] nos explica que la palabra hebrea 'eL [אל] {= «a»} tiene también el significado de «'aL» [על] {= «sobre»}, y así entonces debe leerse en el versículo que dice: «Dijo Caín a ('eL - [אל]) su hermano Abel» (Gén 4:8). Siguiendo

---

17. Bereshit Raba (Vilna) 22:7 (*véase* el Glosario al final de la obra).
18. Pirké de Rabi Eliezer, cap. 21 (*véase* el Glosario al final de la obra).
19. *Véase* el Glosario al final de la obra.
20. Shiṭá Aḥeret es una versión más larga de la exégesis de Ibn Ezra al libro de Génesis. Las dos versiones fueron escritas por Ibn Ezra.

a Ibn Ezra, este versículo debería leerse: «Habló Caín [¿a Dios?] sobre ('aL - [עַל]) su hermano Abel y cuando estaban en el campo se abalanzó Caín sobre su hermano Abel y lo mató».[21] El asesinato quedaría ligado, entonces, a la aceptación del sacrificio de Abel. Caín se habría quejado por ello ante Dios y, acto seguido, mató a su hermano.

Empero, estas exégesis y *midrashim*[22] no dan respuesta a dos preguntas esenciales que generan este relato: ¿por qué la ofrenda de Caín no fue aceptada por Dios? y ¿por qué fue aceptada la ofrenda de Abel? Pues podríamos pensar que si Dios no hubiera aceptado tampoco la ofrenda de Abel, no habría habido motivo para los celos de Caín (si es que aceptamos la hipótesis de que el ataque de Caín contra su hermano fue consecuencia del rechazo de su sacrificio y la aceptación del de Abel).

Pues bien, hay otros comentaristas que intentan dar respuesta a estas dos preguntas. La gran mayoría de ellos supone que la ofrenda presentada por Caín era indigna. Sostienen que el texto bíblico alude a ello al decir que Caín llevó para su ofrenda una selección del fruto de la tierra, mientras que Abel eligió las primicias de su ganado y de la «gordura» de ellos. Hay *midrashim*, que recalcan que Caín sólo llevó frutos simples o incluso el desecho, mientras que Abel se preocupó de llevar lo mejor del ganado.

Por ejemplo, en *Bereshit Raba* leemos:

Caín trajo, del fruto de la tierra, una ofrenda para Dios.[23] Trajo de los desechos. Esto se parece al caso de un mal vasallo, que comía de las primicias y le entregaba al rey las frutas tardías. Pero Abel, «también él trajo de las primicias de su ganado y de la gordura de ellos».[24], [25]

De manera similar, escribe Filón de Alejandría:

Moisés nos presenta aquí [en el versículo sobre la ofrenda] la diferencia entre alguien que se ama a sí mismo y alguien que está totalmente dedi-

---

21. Abraham Ibn Ezra, exégesis «Shita Aheret» a Génesis 4:8.
22. Plural de *midrash*.
23. Gén. 4:3.
24. Gén. 4:4.
25. Bereshit Raba, Vilna, 22:5.

cado a Dios, ya que el primero tomó para sí los primeros frutos de su cosecha y muy impíamente pensó a Dios como merecedor sólo de las ofrendas secundarias e inferiores [...]. Pero el otro, sin perder tiempo, entregó los primogénitos y los mayores del ganado, de forma tal que el Padre no sea tratado indignamente.[26]

Otros ejemplos sobre una ofrenda indigna los encontramos en el *Targum Pseudo-Ionatán*[27] (Génesis 4:3), donde se nos dice que Caín ofreció semillas de algodón, o bien en *Pirke de Rabi Eliezer*, cap. 21, donde se recalca que llevó semillas de lino de las sobras de su comida.

Otros comentaristas dan como motivo del rechazo el carácter de Caín, de manera similar a las posturas que encontramos más arriba en Filón de Alejandría, la Primera Epístola de Juan y el Corán. *Rashi*,[28] por ejemplo, presenta a Abel como alguien que se aleja de aquello que está maldito. Por esta razón optó por ser pastor, ya que la tierra había sido maldecida por Dios tras la transgresión de Adán y Eva en el Jardín del Edén, y Abel, alejándose de lo maldito, se alejó del trabajo de la tierra. Caín, por su parte, tiene un carácter negativo, por lo que lleva los peores frutos para su ofrenda, y cuando se dispone a hablar con su hermano Abel, nos dice *Rashi* que:

Comenzó a incitarlo con palabras de pelea hasta que logró abalanzarse sobre él para matarlo.[29]

Recanati,[30] quien en el siglo XIII escribió un comentario a la Torá de inspiración mística, divide claramente a los hermanos ya al comienzo del capítulo 4 del Génesis, entre el elegido de Dios y el que se rebela a Sus mandatos. Abel, el pastor, está relacionado místicamente con Moi-

---

26. Filón de Alejandría: «Preguntas y soluciones sobre el Génesis», Libro I § 60, tomado de la versión inglesa «The Works of Philo Judaeus», vol. IV, pág 316, traducido por Charles Duke Yonge, Henry G. Bohn, Londres, 1855 (digitalizado en 2007 por Google Books).

27. *Véase* el Glosario al final de la obra.

28. *Véase* el Glosario al final de la obra.

29. Rashi, comentarios al libro de Génesis, capítulo 4:2-3 y 8.

30. *Véase* el Glosario al final de la obra.

sés y con la revelación de Dios en la zarza ardiente. Caín, por otro lado, se dedica a la tierra que había sido maldecida por Dios, y su trabajo puede ser interpretado como el servicio (idólatra) a ella. Es decir, que Caín desafía a Dios tanto por ocuparse de aquello que Él maldijo como por la adoración idolátrica.

El misterio místico sobre Abel es muy grande y está insinuado en el versículo «Moisés pastaba el ganado de su suegro Itró» [Exo. 3:1]. Caín trabajaba la tierra, que es la tierra {'aDaMaH} [אדמה] enrojecida {'aDuMaH} [אדומה] por la sentencia divina. Es probable que «trabajaba» {'.B.D.} [עבד] equivalga a «servía» ['.B.D.] [עבד] como en «Trabajaréis {= serviréis} a YHWH vuestro Dios».[31, 32]

Avrabanel[33] nos ofrece una visión un tanto distinta a las ya expuestas. Para este exégeta, ambos hermanos aún representan lo bueno y lo malo; pero ni Caín aparece como radicalmente malo, ni Abel como radicalmente bueno. Este relato del Génesis, nos aclara Avrabanel, tiene su importancia en el valor alegórico que posee, más que en su valor de verdad histórica. Caín y Abel simbolizan una enseñanza que la Torá quiere transmitirnos.

El nombre del segundo hijo era Abel {HeVeL} [הבל] , pues era pastor y se ocupaba de la dirección y el gobierno, que son cosas vanas {HeVeL} [הבל] y pasajeras. Caín {QaYiN} [קין] tenía ese nombre no por lo que dijera su madre, sino porque trabajaba la tierra y se dedicaba a la adquisición {QiNiYaN} [קנין] de ellas. Se desprende de aquí que estos nombres los da la Torá en concordancia con la ocupación de las personas.[34]

---

31. La raíz hebrea '.B.D. [ע.ב.ד] significa tanto «trabajar» como «realizar el servicio divino».
32. Menahem Recanati, comentario al Génesis 4:2.
33. También conocido como Abarbanel. *Véase* el Glosario al final de la obra.
34. Isaac Avrabanel, comentario al Génesis, cap. 4.

El nombre, entonces, está relacionado con la ocupación y ésta declara el carácter de la persona. Abel buscaba el honor y la elevación, según nos los explica Avrabanel:

> ¿Por qué Abel eligió el pastoreo si el consumo de carne no estaba permitido? Pues porque era ocuparse de seres vivos que sienten, lo que significa un nivel más elevado que los vegetales.[35]

Los dos hermanos compiten entre sí para demostrarse el uno al otro que su ocupación es la mejor. Dentro de esta competencia surge la idea de una ofrenda a Dios, no como muestra de agradecimiento o humildad, sino como una forma de presentar pruebas concretas con las que Dios podrá dirimir cuál de las dos ocupaciones es la preferida:

> Se había desatado entre ellos una disputa, ya que Caín decía que su ocupación era mejor y preferida por Dios, pues el trabajar la tierra da el pan para todos los seres vivientes, por lo que todos dependerían de él; pero él mismo [Caín] no dependería de nadie. Es por ello que su nivel era más elevado. Abel decía lo contrario, sosteniendo que su ocupación era más honrosa que la de Caín, pues se ocupaba de lo vivo, que siente, mientras que Caín sólo trabajaba con lo vegetal. Cuánto más así, ya que la tierra había sido maldecida y sólo daba espinos y centauras; pero el pastoreo no había sido maldecido. Por ello trajo por ofrenda «las primicias de su ganado y de la gordura de ellos». Además de ello, la dirección y el honor eran buenos en sí mismos; tanto es así que hasta Dios es llamado Pastor de Israel, y los patriarcas y el rey David eran todos llamados a ser pastores; pero ninguno fue trabajador de la tierra. Al desatarse esta disputa entre los hermanos, dijeron: «Sea Dios nuestro juez», y por ello es que cada uno trajo una ofrenda del fruto de su propio trabajo.[36]

Avrabanel explica a continuación que Dios no estableció Su decisión basándose en el tipo de ofrenda que trajeron, sino en las intenciones internas de cada uno de los hermanos. Dios acepta una ofrenda y no la

---

35. *Idem.*
36. *Idem.*

otra en virtud del carácter de ambas personas, que las lleva a tener intenciones distintas: el uno es más elevado, y el otro, más mundano:

No es que la ofrenda de Abel fuera mejor que la de Caín, sino que Dios vio que la intención de Abel era buscar lo elevado y el intelecto, como consecuencia de la dirección y el honor. El honor precave al hombre de toda cualidad despreciable. Por ello es que Abel era honroso por naturaleza, gobernador y juez que domina sobre su ocupación. Pero Caín era trabajador de la tierra y su naturaleza tiende a lo material, que había sido maldecido por Dios, y busca su ocupación en cosas pasajeras. Era como si se hubiera transformado en esclavo de la tierra y de las adquisiciones bestiales, sin poder dominarlas.[37]

También Shimshon Rafael Hirsch[38] relaciona la ocupación con el carácter de los hermanos. En su comentario a estos versículos del Génesis, este exégeta explica que la tarea del agricultor hace que el hombre valore en extremo los bienes materiales y lo transforme, en última instancia, en esclavo de la tierra. El pastor, por su parte, desarrolla sentimientos humanos al tener que encargarse de animales vivos, que sienten y sufren:

La agricultura requiere de toda la fuerza física de la persona [...] [La tierra] se transforma en parte de su personalidad, él se aferra a ella y se asienta. [...] El campesino es esclavo de su campo y su tierra lo absorbe. Desde el momento en que ofreció su cuello al yugo de la adquisición de bienes, también su espíritu se doblega. Se puede influir sobre él por medio de su ansia de lo material. [...] La fe en Dios en la elevación del Ser Humano se perdió por primera vez entre los pueblos agrícolas; allí se desarrolló inicialmente la esclavitud y la idolatría.
Por el contrario, la vida del pastor goza de superioridad. Su ocupación es, principalmente, con seres vivos; el cuidado de ellos despierta sentimientos humanos y el tomar parte en el sufrimiento de las criaturas. [...] La ocupación [del pastor] no requiere de todas sus fuerzas, su espíritu no está tan

---

37. *Idem.*
38. *Véase* el Glosario al final de la obra.

aferrado a su trabajo y tiene libertad para ocuparse de valores divinos y humanos.[39]

Para Malbim[40] (Rabi Meir Leibush ben Iejiel Mijel Weiser), la ocupación de los hermanos tiene el valor exactamente opuesto al que sostienen los dos exégetas anteriores.

> Abel era a sus ojos [de Eva] tan sólo un complemento a lo principal, que era el primogénito […] y ya escribió Maimónides en su Guía de los Perplejos, que los antiguos **sabeos**[41] creían que el trabajo de la tierra era agradable a los ojos de Dios y acercaban a las personas al trabajo de la tierra, a la vez que detestaban a los pastores. […] Es por ello por lo que el nacimiento de Abel era como un complemento para ella [Eva] y es por ello que «Abel se hizo pastor de ganado menor» y es ése también el motivo de su nombre: Abel {**HeVeL**} [הבל] pues para ella, él era insustancial {**HeVeL**} [הבל].[42]

Lo que definió la elección de Dios a favor de la ofrenda de Abel fueron las condiciones espirituales de los hermanos. Según Malbim, Caín era arrogante y se consideraba a sí mismo en primer lugar, mientras que Abel era su opuesto. Este exégeta señala cuatro diferencias sustanciales en las intenciones que tenían las ofrendas:[43]

Caín no consideraba a Dios la causa primera y última de toda la Creación. Para él, Dios era sólo quien ayudaba al hombre a terminar la tarea. Por ello llevó una ofrenda «al fin de cierto tiempo», es decir, como reconociendo la intervención divina sólo en la fase final. Abel, por su parte, trajo las primicias dando a entender, así, que Dios es la causa primera y todo depende de Él.

---

39. R. Shimshon Rafael Hirsch, comentarios al Libro del Génesis 4:2, *loc. cit.*: «Hajakalut».
40. *Véase* el Glosario al final de la obra.
41. Según parece, Maimónides se refiere con este nombre a todos los paganos que no eran idólatras, sino que practicaban un tipo de creencia en Dios.
42. Malbim, «Ha-Torá ve-ha-Mitzvá», Génesis 4: 2.
43. Malbim, *idem*, 4:3.

Caín llevó de lo peor como ofrenda, mientras que Abel ofreció lo mejor que tenía.

Caín pensaba que Dios necesitaba de la ofrenda («trajo *una ofrenda para YHWH*»), mientras que Abel sabía que a Dios nada le falta.

Lo principal de una ofrenda es la humildad de la persona, que entiende que el sacrificio es un sustituto de sí mismo. Ésta era la intención de Abel al llevar su ofrenda.

Malbim no parece considerar a Caín malvado por naturaleza y, por ende, sin posibilidad de corrección. Lo ve más bien como alguien que intenta subsanar el gran daño que hizo al asesinar a su hermano. Es por ello por lo que Caín comienza a construir una ciudad y no la termina para posibilitar que su hijo la complete. El asesinato cometido por Caín había transformado a toda la humanidad en algo parecido a los peces: cada uno se come vivo al otro. Con la construcción de la ciudad, explica Malbim, Caín intenta corregir el desastre, ya que esa construcción impele a las personas a unirse en la tarea y a crear leyes y normas de convivencia.[44]

Este relato cumple, según Malbim, otra función más, y es la de establecer claramente que la civilización es un producto humano y contrarrestar las creencias paganas, que adjudicaban a los dioses la creación de las artes y las labores. La Torá describe la genealogía de Caín y se detiene, en especial, en los miembros de la séptima generación, pues ellos fueron los iniciadores de las labores de la civilización:

En mi opinión, este relato, al igual que muchos relatos de la Torá, viene a erradicar ideas erróneas y cuentos vanos que se difundieron entre los pueblos en los tiempos antiguos y que fueron inventados por los sacerdotes idólatras en los días oscuros. Aún hoy quedan restos de esa mitología, según la cual se le adjudicaba a cada persona que creaba algún saber o alguna labor poderes divinos y decían: «tal ídolo inventó el asentamiento en tiendas y la ganadería, tal ídolo inventó el saber musical». [...] Por ello es que la Torá nos hizo saber: no creáis en esto que es vano y desvía; sabed que quien creó la construcción de ciudades, las reglas de convivencia y la política fue Caín, el primer asesino, y los que inventaron la ganadería, el

---

44. Malbim, *idem*, 4:17-18.

comercio, la música y el trabajo del hierro y otros metales fueron los hijos de Lemek, de los descendientes de Caín. [...] Todos eran seres humanos.[45]

Otra vertiente dentro de los comentarios clásicos sostiene que Caín era malvado desde su concepción, pues es el producto de la unión entre Eva y el Satán.[46]

Los comentarios académicos

Iejezkel Kaufmann toma como base para su interpretación los presupuestos de la crítica bíblica y sostiene que la fuente J-E es quien aporta este texto con el fin de explicar el origen de los celos asesinos:

> De acuerdo con el sistema de relato de la fuente J-E [...] con Caín llegaron al mundo el celo, el asesinato y la desmentida («*¿Soy yo el guardián de mi hermano?*», Gen 4:9). La sangre contaminó la tierra: es como si también en ella se hubiera despertado la avidez por la sangre del asesinato (Gen. 4:11).[47]

U. (M. D.) Cassuto, por su parte, considera que el texto de nuestro capítulo del Génesis está compuesto, en realidad, por cinco narraciones distintas que, según su opinión, eran relatadas por separado y que fueron unificadas en la Torá.[48] Las cinco narraciones son:

1) Nacimiento de Caín y de Abel y la ocupación de ambos (Gen 4:1-2).

---

45. Malbim, *idem*, 4:22.
46. Ver Louis Ginzubrg, *op. cit.*, vol. I, pags. 104-106.
47. Iejezkel Kaufmann, «Toledot ha-emuná ha-israelit» [Historia de la fe de Israel (en hebreo)], t. II, vol. II (vols. 4-5), pág. 411, Mosad Bialik, Jerusalén, 1960.
48. U. (M. D.) Cassuto, «Me-Adam ad Noaj» [De Adán a Noé (en hebreo)] en: *Perush al Sefer Bereshit* [Exégesis del Génesis (en hebreo)], Magnes Press, Univ. Hebrea, Jerusalén, 1974, págs.118-119.

2) El episodio de Caín y Abel, subdividido en dos secciones: el asesinato (Gen. 4:3-8) y la sentencia sobre Caín (Gen. 4:9-16).

3) La genealogía de Caín (Gen. 4:17-22).

4) El canto de Lemek (Gen. 4:23-24).

5) El nacimiento de Shet y de Enosh (Gen. 4:25-26).

El contexto y el formato que toma en la Torá el episodio de Caín y Abel permiten entender, según Cassuto, las enseñanzas de este relato: a) la vida humana es sagrada y no ha de ser herida, por lo que la transgresión del asesino no tiene expiación; b) todo lo que el ser humano haga, aun en el campo, lejos de los ojos humanos, es visto y conocido por Dios; c) el rechazo absoluto de la Torá a la venganza. Con respecto a esto último, Cassuto nos dice:

Es conocida la tendencia de las leyes de la Torá de reducirla [a la venganza] al máximo: el redentor de la sangre [= vengador] se transforma sólo en quien lleva a cabo la sentencia de la comunidad. Para el asesino culposo [= sin previa intención] se estableció la pena de *diáspora* a la ciudad de refugio, en lugar de la venganza. [...] Caín, que asesinó a su hermano, es el prototipo del asesino, ya que todos los seres humanos somos hermanos y quien derrama la sangre de otro humano está derramando la sangre de su hermano. Es por ello que la sentencia sobre Caín es el prototipo de sentencia por asesinato. Caín temía la venganza («cualquiera que me encontrare, me matará», Gen. 4:14) [...] y Dios lo salva de ella y lo condena a la *diáspora*. La venganza no es agradable a los ojos de Dios.[49]

En un artículo posterior que Cassuto publicó en la *Entziklopedia Mikrait* (de cuyos primeros tomos fue editor hasta que lo sorprendió la muerte), agrega otra enseñanza que, a su entender, deja este relato:

Por lo visto el texto quiere transmitir que Abel trató de cumplir con el mandamiento de la mejor manera posible, mientras que Caín se contentó sólo con cumplirlo. Es por ello por lo que la ofrenda de Abel fue aceptada:

---

49. Cassuto, *idem*, pág. 123.

puede entreverse aquí la idea de que los sacrificios en sí mismos no son los aceptados, sino la buena intención que los acompaña.[50]

Por su parte, Gerhard von Rad sostiene, entre otras cosas, que el motivo por el cual Dios honró el sacrificio de Abel, mas no el de Caín, es porque según esa narrativa los sacrificios sangrientos son más placenteros para YHWH.[51]

Otro intérprete académico moderno, Gordon J. Wenham, llama la atención sobre el hecho de que, según su punto de vista, es característico del libro de Génesis tratar los linajes como series de bifurcaciones, en las que el menor de los hermanos es considerado siempre el preferido:

[...] es característico del Génesis trazar la descendencia humana desde Adán como una serie de bifurcaciones. Un hombre tendrá, típicamente, dos o tres hijos (por ejemplo, Abrahán: Ismael, Isaac; Isaac: Jacob, Esaú; Noé: Sem, Jam y Iefet) y es normalmente el más joven quien recibe el favor de Dios; mas no el mayor, de quien podría esperarse que por derecho tuviera semejante privilegio. Aquí Adán tiene tres hijos: Caín, Abel y Set. Caín, el mayor, resulta con su sacrificio rechazado, mientras que el de Abel es aceptado. Cuando Abel es asesinado, la bendición de Dios no puede recaer sobre Caín, por lo que Set se transforma en el padre del linaje elegido.[52]

Wenham entiende que este relato es paradigmático. Su estructura y las frases utilizadas remedan el relato de la caída de Adán y Eva; el contenido de uno marca un quiebre en la relación entre el hombre y Dios, mientras que el segundo señala la disrupción de la relación entre el hombre y su prójimo:

---

50. U. (M. D.) Cassuto, art. *Hevel* [en hebreo], en *Entziklopedia Mikrait*, vol. II, Mosad Bialik, Jerusalén, 1954, col. 779.
51. Gerhard von Rad, «Genesis – a commentary» [en inglés], The Westminster Press, Filadelfia, 1972, pág. 104.
52. Gordon J. Wenham, «Word Biblical Commentary, vol. I: Genesis 1-15», Word Books, Texas, 1987, págs. 96-97.

Así como Génesis 3 describe cómo el pecado disturba la relación entre el hombre y la mujer, entre Dios y el hombre, Génesis 4:2-16 explica cómo el pecado introduce el odio entre los hermanos y la separación de Dios. Hay incluso una progresión en los relatos: Caín es descrito como un pecador mucho más grave que su padre. Adán solamente comió una fruta que le dio su mujer; Caín asesinó a su hermano. Caín rechaza la apelación divina y luego refunfuña por su sentencia.[53]

Samuel Loewenstamm, en su artículo sobre Caín y Abel en la *Entziklopedia Mikrait*, explica que según diversos comentaristas académicos:

Caín representa, en el relato de Caín y Abel, al pueblo de los ceneos [= quenitas] y nada tiene que ver con Caín el primogénito de Adán y Eva y el padre del primer constructor de ciudades. A este pueblo se lo suele describir como un pueblo de herreros nómadas, pues QaYN en árabe y QY-Na'aH en arameo significan «herrero». Estos herreros nómadas son descritos como un grupo de estatus social bajo, similar al de los herreros que se acoplan a las tribus árabes de la época moderna. [...] [El relato etiológico dice que] El patriarca de estos nómadas miserables era agricultor, pero fue expulsado de su estatus honorable por decreto de Dios, a causa del pecado.[54]

Varios de los estudiosos modernos han planteado el paralelismo existente entre el relato de Caín y Abel y tradiciones mesopotámicas de origen sumerio sobre la lucha entre hermanos. Sin embargo, entre aquellos relatos y el relato bíblico hay claras distinciones temáticas que ponen en duda la influencia de aquéllos sobre éste. Itzjak Avishur y Iaakov Klein señalan, en un comentario en la enciclopedia *Olam Ha-Tanaj*, que en los mitos sumerios el pastor es el atacante y que, al final del conflicto, los hermanos quedan amigados y colaboran entre sí:

---

53. Gordon J. Wenham, *idem,* pág. 117.
54. Ver «Entziklopedia Mikrait», vol. VII, Mosad Bialik, Jerusalén, 1976, art. *Kain ve-Hevel* [en hebreo], col. 122.

En los mitos sumerios el pastor es el agresivo y el agricultor es el tranquilo, mientras que en el relato bíblico la situación es la inversa. Todas las sagas sumerias terminan con la reconciliación de los contendientes, mientas que en el relato bíblico termina con un asesinato. Más aún, los mitos sumerios son relatos de sabiduría «livianos» y entretenidos, tratan sobre la preferencia entre dos ocupaciones primigenias desde el punto de vista del beneficio concreto que traen para el orden del mundo. En el relato bíblico, por su parte, el lugar principal lo toma el problema moral del asesinato de un ser humano, del pecado y su castigo. Este problema moral no tiene parangón en los mitos sumerios paralelos.[55]

Por su parte, Jaim Guilad remarca las similitudes y las diferencias entre los mitos sumerios y el relato bíblico:
Lo similar:
El tema del enfrentamiento entre el pastor y el agricultor.
El tema de los sacrificios (en uno de los relatos sumerios).
La preferencia de la divinidad por el agricultor frente al pastor (en un relato sumerio y en el relato bíblico).[56]

Lo distinto:
En los relatos sumerios, el antagonismo termina en reconciliación a diferencia del relato bíblico.
En los relatos sumerios, el que inicia la contienda es el pastor, mientras que en el relato bíblico el agresor es, por lo visto, el agricultor.
En los relatos sumerios, el trasfondo de la contienda es socioeconómico, o bien erótico, mientras que en el relato bíblico el factor económico se presenta sólo como alusión, sin resultar explícito, mientras que el factor erótico no aparece del todo, ni explícito ni por alusión. [57]

---

55. En Menachem Harán (ed. princ.), «Olam Ha-Tanach – Bereshit» [en hebreo], pág. 40, Davidson-Atai, Tel Aviv, 1993-1996.
56. Guilad sostiene que la frase de Dios a Caín «Si lo haces bien…» (Gen. 4:7) es, en realidad, una muestra de la preferencia de Dios por Caín el labrador (ver el capítulo IX, donde trato en detalle la relación de Dios con Caín).
57. Haim Guilad, «Sipur Kain ve-Hevel kifeshuto» [«El relato de Caín y Abel en su sentido lato» (en hebreo)], en Bet Mikra 29 (1), 5744 (1984), pág. 17.

Este mismo autor ve en el relato de Caín y Abel dos historias distintas que tienen en común el tema de la contraposición entre el agricultor y el pastor, pero se encuentran lejanos en tiempo y en trasfondo. El primer relato, que según su entender abarca los versículos 1-8a, se basa en la realidad socioeconómica sumeria, donde la agricultura y el pastoreo se encontraban en paz entre sí. El segundo relato, desde el versículo 8b, tiene por trasfondo una realidad posterior, en la que las relaciones entre ambas ocupaciones estaban en tal pugna que se llegó al derramamiento de sangre. La función de este segundo relato sería llamar la atención sobre la tragedia a la que puede llevar esta contienda.[58]

Quien intenta una aproximación distinta al texto, preservando el estilo de análisis de la exégesis clásica, es decir, sin tomar en consideración los presupuestos del análisis bíblico académico, es Ezra Bick. En un comentario al relato de Caín y Abel del año 1997, dice Bick, refiriéndose a Abel:

> Podemos decir con seguridad que el personaje cuyo nombre no está explicado en la Torá, en especial cuando está yuxtapuesto a uno cuyo nombre sí está explicado, es un personaje no importante. Si Abel es el primer individuo en traer una ofrenda correcta a Dios –de hecho, el hombre que inventó la religión formal– pretenderíamos algo más.[59]

Este autor continúa su análisis hablando sobre la personalidad de los hermanos, y resalta el hecho de que es Caín quien lleva la primera ofrenda, mientras que su hermano tan sólo lo imita. ¿Por qué Caín decide llevar una ofrenda? Aquí nos sorprende Bick con una visión que hasta ahora no habíamos visto en la exégesis clásica. Caín es el primero en comprender que si el trabajo humano tiene éxito, es porque Dios lo ha bendecido y, por ello, la persona tiene que dar reconocimiento a la

---

58. Guilad, *idem.*, pag 23.
59. Ezra Bick, «Parashat Bereishit», en https://www.etzion.org.il/he/download/file/fid/6830 y https://www.etzion.org.il/he/%D7%A4%D7%A8%D7%A9-%D7%AA-%D7%91%D7%A8%D7%90%D7%A9%D7%99%D7%AA-0 , Yeshivat Har-Etzion, 1997.

fuente de todas las bendiciones entregando una parte al verdadero poseedor y creador de todo.

> Caín era el individuo más serio, más creativo y más sustancial.
> [...]
> Caín es el hijo con más talento y el más sofisticado religiosamente, que está obsesionado por el éxito de su hermano menor y discute con él hasta que, ya sea accidentalmente o, por lo menos, sin premeditación, lo mata.[60]

A la pregunta de por qué la ofrenda de Caín fue rechazada, Bick responde diciendo que no es que esa ofrenda fuera rechazada, sino que la de Abel recibió algún signo de aceptación que, por algún motivo desconocido, no apareció en la de Caín. El problema central es, según Bick, la competencia entre hermanos:

> Creo que la respuesta es que [esta historia] trata de la relación entre hermanos, celos, competencia y las raíces de toda disputa. El mensaje parecería en extremo pesimista y deprimente; pero la Torá nos dice que la disputa, e incluso el asesinato, están profundamente enraizados en la naturaleza humana.[61]

---

60. *Idem.*
61. *Idem.*

III

El texto original

En el capítulo anterior hemos expuesto diversos comentarios y exégesis que representan las ideas más difundidas sobre Caín, Abel y sus acciones.

Entre los textos y comentarios clásicos encontramos quienes consideran a Caín como intrínsecamente malvado, destructor y egoísta. Es la personificación del mal, mientras que Abel es la del Bien. Estos comentarios sostienen que el asesinato de Abel no tuvo motivo alguno, sino que es consecuencia de la maldad intrínseca de Caín.

Otras alegorías clásicas dan como motivo del asesinato un intercambio violento de palabras entre ambos hermanos, y los motivos rondan temas principales de los conflictos humanos: la preferencia (la ofrenda de Abel fue la preferida) o bien la lucha por posesiones, por sexo o por religión.

Hay también quienes sostienen que Caín era mezquino y su ofrenda a Dios era indigna, por lo que no fue aceptada, mientras que la de Abel era una selección de los mejores productos.

Otra vertiente en la interpretación clásica es la de ver en las ocupaciones de los hermanos elementos de elevación o de inferioridad. Abel, como pastor, está relacionado místicamente con Moisés, busca el honor y la elevación, y, al ocuparse de seres vivos que sienten y sufren, desarrolló sus aspectos humanos. Caín, por otro lado, se dedica a la tierra maldecida por Dios tras la expulsión del Jardín del Edén, su trabajo con la tierra lo lleva a su adoración idolátrica, su ocupación es mundana y no elevada, es materialista y esclavo de la tierra.

Hay quienes consideran a Caín arrogante, y a Abel, humilde. Pero Caín no está del todo perdido, pues intenta recuperarse y corregir el gran daño que hizo. Además, el relato en general explica que la civilización es un producto humano, contrarrestando las creencias paganas, que adjudicaban a los dioses la creación de las artes y las labores.

De entre los comentaristas académicos encontramos quienes ven en el texto un relato etiológico sobre los celos en el ser humano, la lucha económica entre los pastores y los agricultores, o la razón de la inferioridad social de los ceneos, descendientes de un agricultor caído en desgracia ante Dios. Hay quienes se centran más en la forma que en el contenido y sostienen que el relato es una manera de unir cinco relatos populares antiguos: el nacimiento de Caín y Abel, el primer asesinato, la genealogía de Caín, el canto de Lemek y el nacimiento de Shet y Enosh. También están quienes ven un método de relato tradicional de la Biblia, en el que los personajes siempre se presentan en bifurcaciones de díadas, en las que el mayor es desfavorecido y el menor es preferido.

Por último, hemos visto una opinión según la cual Abel es justamente el menos importante y el relato está centrado en Caín como persona que comprende la relación divina en el éxito de la labor humana; es una persona de ímpetu, pero, por desgracia, la relación entre hermanos incluye de manera intrínseca la competencia y los celos, y es la base de toda disputa humana.

Leamos ahora el texto original, lo que nos permitirá redescubrirlo y apreciar directamente su contenido. En esta lectura hemos de tratar de no dejarnos influir por las opiniones que ya hemos leído. No es tarea simple, pues esas opiniones están en gran medida arraigadas en la cultura en que vivimos y nos impelen a prejuzgar el texto. Ya antes de leerlo sabemos qué pasó, qué es lo que está bien y qué está mal, presuponemos que hay un personaje bueno y uno malo y ya sabemos quién es el bueno y quién, el malo. Hagamos, pues, el esfuerzo de despojarnos un momento de esas opiniones previas y leamos el texto como si fuera la primera vez, como si no supiéramos nada sobre él.

El nacimiento y los avatares de los hermanos Caín y Abel están en el capítulo 4 del Génesis, pero debemos comenzar a leer desde un poco antes, desde la expulsión de Adán y Eva del Jardín del Edén, pues, como veremos, allí se hallan los antecedentes necesarios para comprender la historia de los hermanos en su contexto.

He aquí, pues, el texto:[1]

3 [17]A Adán le dijo: «Ya que hiciste caso a tu mujer y comiste del árbol sobre el que te ordené que de él no comieras, la tierra está maldita por tu causa. Con penurias comerás de ella todos los días de tu vida. [18]Espinos y centauras te producirá y comerás la hierba del campo. [19]Con el sudor de tu rostro comerás pan, hasta que regreses a la tierra, pues de ella fuiste tomado. Ya que eres polvo y al polvo regresarás». [20]Adán llamó a su mujer Eva {HaWaH} [חוה] pues ella fue la madre de todos los vivientes {HaY} [חי] . [21]Hizo YHWH*, el Poderoso,** vestimentas de cuero para el humano y su mujer, y las vistieron.

[22]Dijo YHWH, el Poderoso: «El ser humano es casi como uno de nosotros, al conocer lo bueno y lo malo». Para que no extienda ahora su mano y tome también del árbol de la vida y viva eternamente, [23]lo echó YHWH, el Poderoso, del Jardín del Edén con el fin de que trabaje la tierra de la cual fuera tomado. [24]Expulsó, pues, al Humano y colocó al oriente del Jardín del Edén a los querubines y a la incandescencia de la espada revolvente, para cuidar el acceso del árbol de la vida.

---

1. Los números al lado de ciertas oraciones indican el número de versículo, mientras que los dos números grandes al lado del texto señalan el número de capítulo.

* El nombre de Dios, en el original, figura en la forma del Tetragrama (= cuatro letras [del griego]): Yod, He, Waw, He. Estas cuatro letras no forman una palabra, sino que se utilizan exclusivamente para designar el nombre de Dios. La tradición de su vocalización se perdió, ya que este Nombre Sagrado sólo se pronunciaba en el Templo de Jerusalén. Tras la destrucción del Templo, la tradición impuso decir aquí la palabra «Mi Señor» (Adonai), en sustitución del nombre original. Sin embargo, la versión escrita mantiene esas cuatro letras, y en esta traducción respetamos esa grafía (en muchas ediciones se le agregan al Tetragrama las vocales de la palabra Adonai, como indicación de qué palabra pronunciar al encontrar las cuatro letras. Estas vocales no pertenecen al Nombre Sagrado).

** La palabra «Elohim» suele ser traducida como «Dios». Sin embargo, su etimología se refiere a «poderío», «potencia». Por ello, preferimos la traducción de «Poderoso», más que «Dios».

4 ¹Adán cohabitó con Eva, su mujer, quien concibió y dio a luz a Caín, ya que dijo: «Forjé {QaNiYTiY} [קניתי] un varón con YHWH». ²Continuó y dio a luz a su hermano, a Abel. Abel se hizo pastor de ganado menor, mientras que Caín trabajaba la tierra. ³Al fin de cierto tiempo Caín trajo, del fruto de la tierra, una ofrenda para YHWH. ⁴Y Abel, también él, trajo de las primicias de su ganado y de la gordura de ellos. YHWH atendió {Wa-YSHa'} [וישע] a Abel y a su ofrenda, ⁵mientras que a Caín y a su ofrenda no dio atención. Esto enojó mucho a Caín y decayó su semblante. ⁶Dijo YHWH a Caín: «¿Por qué estás enojado? ¿Por qué estás carilargo? ⁷Ya que si lo haces bien, te elevarás; pero si no lo haces bien, el error se arrastra a la puerta. Él te codiciará, mas tú lo dominarás». ⁸Díjole Caín a su hermano Abel; cuando estaban en el campo se abalanzó Caín sobre su hermano Abel y lo mató {Wa-YaHaRGueHu} [ויהרגהו]. ⁹YHWH le dijo a Caín: «¿Dónde está tu hermano Abel?». Le respondió: «No lo sé. ¿Soy yo el guardián de mi hermano?». ¹⁰A lo que le dijo: «¿Qué has hecho? ¡Atención! ¡La profusión de sangre de tu hermano clama hacia Mí desde la tierra! ¹¹Tú estás ahora más maldito que la tierra que abrió su boca para tomar de tu mano la profusión de sangre de tu hermano. ¹²Cuando trabajes la tierra, ya no te dará su fuerza. ¡Serás nómada y errante {NaD} [נד] en la tierra!». ¹³Caín le dijo a YHWH: «¡Es grande el castigo por mi culpa como para cargarlo! ¹⁴Me has expulsado hoy de la faz de la Tierra y me ocultaré de Tu presencia. Seré nómada y errante {NaD} [נד] en la Tierra, mas cualquiera que me encontrare, me matará». ¹⁵Le respondió YHWH: «Por ello, cualquiera que mate a Caín será vengado siete veces». Colocole YHWH una señal a Caín para que nadie que lo encontrare lo golpeare y mate. ¹⁶Caín se fue de delante de YHWH y se estableció en la tierra de Nod, al oriente del Edén. ¹⁷Cohabitó Caín con su mujer, quien concibió y dio a luz a Henoc {HaNoJ} [חנוך]. Construyó, asimismo, una ciudad, y llamó a esa ciudad con el nombre de su hijo: Henoc {HaNoJ} [חנוך]. ¹⁸A Henoc le nació Irad, e Irad dio a luz a Mejuiael. Mejuiael dio a luz a Metushael y Metushael dio a luz a Lemek. ¹⁹Lemek tomó dos mujeres: una se llamaba Adá y la otra se llamaba Tzilá. ²⁰Adá dio a luz a Iaval, quien fue el fundador de los que se asientan en tiendas y del ganado. ²¹Su hermano se llamó Iuval, quien fue el iniciador de los que tocan cítara y flauta.

²²También Tzilá dio a luz a Tuval-Caín, el maestro de todos los trabajadores del cobre y del hierro. La hermana de Tuval-Caín era Naamá.

IV

El problema del nombre de los hermanos

Ya desde el nacimiento de los dos hermanos, notamos ciertas diferencias llamativas. Al presentarnos a Caín, el texto da cuenta de su nombre a través de una explicación etiológica («dio a luz a Caín, ya que dijo: "Forjé {QaNiYTiY} [קניתי] un varón con YHWH"»). Pero con respecto al nombre de Abel, el texto calla. La contraposición es muy fuerte. El silencio sobre el nombre de Abel y la etiología del nombre de Caín se refuerzan por contraste. ¿Acaso el texto intenta decirnos algo con ello?

La razón de los nombres en la Torá, y quizás en todo el Tanaj, no es un dato nimio. Los nombres hacen referencia a las características y a la idiosincrasia de las personas que los portan.[1] Así, por ejemplo, Eva es llamada así porque es la madre de todos los vivientes {HaWaH [חוה] ⇒ eM KoL HaY [אם כל חי] [2]}; Jacob es un nombre que significa «quien engaña» {Ya'aQoV [יעקב] ⇒ 'aQaV [עקב] = engañar}, y así exclama su hermano Esaú: «¡Me ha engañado dos veces!» {va-ya'aqveni ze pa'amaim}, mas luego Dios le cambia el nombre por Israel, «que se sobrepone al

---

1. Ver, por ejemplo, Gadi Samuel: «Hilufe shemot ba-Mikra» [«El cambio de nombres en la Biblia» (en hebreo)], sitio www.daat.ac.il {http://www.daat.ac.il/DAAT/tanach/maamarim/hilufey-2.htm}, julio 2003.
2. Las semiconsonantes W y Y (waw y yod) son intercambiables en hebreo, por lo que HaWaH y HaY son derivados de una misma raíz.

poderoso» {*YaSaR* [ישר] = sobreponerse, engrandecerse; *El* [אל] = poderoso}, ya que cambió su manera de ser, su idiosincrasia. Lo mismo podemos decir, por ejemplo, con respecto a Moisés. El texto de la Torá da allí una etiología del nombre: «Pues de las aguas fue sacado {MeSHiTiYHu} [משיתיהו]», pero la referencia es, más bien, al futuro del héroe: sacó al pueblo de Israel de la esclavitud y los extrajo {*MaSHaH*}[משה] de las aguas del mar.

Cabe, pues, preguntarse si quizás no haya aquí, en el relato que nos ocupa, un sentido o una intención similar. De ser así, tanto la etiología del nombre de Caín como el silencio sobre el nombre de Abel estarían indicando algo sobre las idiosincrasias de ambas personas. Analicemos, pues, esta hipótesis.

Comencemos por Caín, quien figura primero.

La etiología que la Torá ofrece del nombre es: *Qaniti ish et YHWH.* La traducción de esta frase presenta dificultades, básicamente por el sentido de la palabra *Qaniti* en hebreo. Hay traducciones que prefieren el sentido más difundido de este verbo: «comprar» o «adquirir», y por ello traducen «Adquirí un hombre con Dios»[3]. Sin embargo, la raíz *Q-N-H* [קנה] tiene también otro sentido. Probablemente este significado provenga de una raíz diferente a aquella que significa «comprar» o «adquirir», y luego, por los avatares del desarrollo de la lengua, hayan confluido dos sentidos de distinto origen en una raíz homófona. U. (M. D.) Cassuto, en su exégesis sobre el libro del Génesis, indica que la primera acepción de la raíz **QNH**, tanto en hebreo como en árabe, es «crear», «dar forma».[4] Es así, pues, que la raíz *QNH* quiere decir «forjar» o «crear»[5]. Existen diversos ejemplos de este uso dentro del texto bíblico: «Bendito sea Abram para el Dios Altísimo, creador {QoNeH} [קונה]de los cielos y la Tierra» (Gén. 14:19); «*¿No es Él tu Padre, quien te creó* {QaNeJa} [קנך]*?*» (Deut. 32:6); «YHWH me creó {QaNaNY} [קנני]

---

3. *Véase* algunos ejemplos de esta exégesis en el capítulo II.

4. U. (M. D.) Cassuto, «Me-Adam ad Noaj» [De Adán a Noé (en hebreo)], pág. 132.

5. Ver también Eliezer Ben Yehuda, «Milón ha-lashón ha-ivrit ha-ieshaná veha-jadashá» [en hebreo], editado por Hemda y Ehud Ben Yehuda, Jerusalén 5712 (1952), tomo XII, pág. 6008, art. QaNaH.

al comienzo de Su camino» (Prov. 8:22); «Este monte que creó {QaN-TaH} [קנתה] Su diestra» (Salmo 78:54).[6]

La frase que da origen al nombre de Caín puede ser traducida, entonces, por: «Forjé un hombre con Dios» (ésta es la traducción que hemos preferido para el texto que reproducimos en el capítulo anterior). Esto tiene mucho sentido en el contexto del relato que nos ocupa, ya que es la primera vez en que un ser humano engendra a otro ser humano. Eva hace referencia aquí a que ella pudo crear a otro humano, y reconoce que esa capacidad y la posibilidad de llevar a buen término el proceso dependen de Dios. De allí, pues, su expresión de regocijo y agradecimiento: «¡Forjé un hombre!», pero sabe que no es ella sola, sino que Dios la asistió, por lo que exclama: «¡Con Dios!».

Hay una clara intención en el texto bíblico al ofrecer esta explicación etiológica. De no haber existido ésta, podríamos haber adjudicado al nombre Caín otros significados. De hecho, la raíz *qyn* es muy cercana, gramaticalmente, a la forma *qnn* que significa «lamentar» o «plañir». Podríamos haber pensado, entonces, que el nombre advierte algo sobre el futuro del personaje, que indica que esta persona nos hará lamentar. Existen, por lo menos, dos casos en el texto del Génesis en los que la etiología del nombre hace referencia a un acto futuro: Noé y Peleg. En cuanto a Peleg, el texto reza: «Y a Ever le nacieron dos hijos: el nombre de uno es Peleg, pues en sus días se dividió {NiFLeGaH} [נפלגה] la Tierra, y el nombre de su hermano es Ioktán» (Génesis 10:25). Esta oración parece indicar que durante la vida de Peleg se produjo la división de la tierra (quizás una referencia al relato de la división de lenguas en la Torre de Babel), y la etimología de su nombre hace referencia a ese acontecimiento futuro de su vida.[7]

---

6. Iaakov Hocherman en un artículo publicado en *Bet Mikra* menciona más ejemplos bíblicos del uso de la raíz QNH en el sentido de «crear» o «forjar», y señala la cercanía semántica entre la raíz QWN (ק-ו-נ), de la cual hace derivar la forma QaNaH, y la raíz KWN (כ-ו-נ), cuyo significado es «establecer». Ver Iaakov Hocherman, «Hearot l'jama mikraot b'sefer Bereshit» [«Notas sobre algunos versículos en el libro de Génesis» (en hebreo)], en *Bet Mikra*, núm. 124, Jerusalén, oct-dic de 1990 (Tishre-Kislev 5751).

7. Aunque podría también aducirse que el nombre recuerda el acontecimiento que se produjo cerca del momento de su nacimiento. Por lo tanto, dos son las posi-

En el caso de Noé, el nombre se refiere, sin duda, al futuro del personaje: «Vivió Lemek ciento ochenta y dos años y engendró un hijo. Le puso por nombre Noé {NoaH} [נח], que quiere decir: éste nos consolará {YeNaHaMeNW} [ינחמנו] por nuestros actos y por las penurias de nuestras manos a causa de la tierra que fue maldecida por YHWH» (Gén. 5:30-31). La etiología apunta a aquello que hará Noé en el futuro, en el momento del Diluvio. Es interesante recalcar que también aquí la etiología brindada por el texto no es la primera o la más clara que pueda surgirle al lector. La palabra Noah quiere decir «cómodo», «tranquilo». Podría, pues, haberse elegido la relación con la tranquilidad después del Diluvio, o incluso con el Arca descansando sobre el monte Ararat: «Se asentó {VaTaNaH} [ותנח] el Arca en el séptimo mes [...] sobre los montes de Ararat» (Gén. 8:4).

No cabe duda de que la etiología presentada en el texto está íntimamente relacionada con el mensaje que la Torá quiere brindar sobre el hecho que relata. Esta característica resalta aún más cuando la etiología elegida no es ni la primera ni la más evidente que se seleccionaría como asociación fonológica o semántica de un nombre.

Así pues, nuestro texto quiere que entendamos que el nombre Caín se relaciona con «forjar» o «crear», pero no con «plañir» o «lamentar». En apariencia, el texto nos lleva a entender que la idiosincrasia de Caín es la de ser forjador, constructor, creador. Llama la atención, sin duda, que si se nos está hablando de alguien que cometerá un crimen atroz, el texto bíblico haya elegido resaltar el significado de su nombre con connotaciones tan positivas como la creación y el forjado.

Pero más llamativo aún es el hecho de que a su hermano, el que sufre la agresión, no se le otorgue ninguna etiología específica, sino que simplemente se lo llame por un nombre de connotaciones no tan positivas, e incluso negativas. Y no hay aquí ningún intento de reinterpretar o de elegir una de varias posibilidades, como vimos en los ejemplos de Caín y Noé. El hermano se llama tan sólo Abel {HeVeL} [הבל], lo que significa tanto «hálito» como «vano» o «vanidad».[8] Ambos signifi-

---

bilidades de la etiología propuesta aquí: una en referencia al futuro, y la otra en referencia a un acontecimiento en el pasado cercano.

8. Ver Eliezer Ben Iehuda, *op. cit.*, tomo II, págs. 1026-1027, art. HeVeL.

cados hacen referencia a la vacuidad o a la falta de solidez o importancia. El «hálito» es aquello que se exhala y se pierde sin ser visto, mientras que lo vano es lo que es vacío y sin sentido, aunque se envuelva en una apariencia de importancia. La vanidad es arrogante vacuidad.

La contraposición entre los dos nombres y los personajes que los portan es muy fuerte. ¡El malvado asesino se llama «forjador», mientras que el justo y víctima es llamado «vano»![9]

La falta de etiología en el nombre de Abel y la referencia peyorativa incluida en él reclamaron la atención de los exégetas a lo largo de los tiempos, hasta el punto de que intentaron atribuirle un significado hermenéutico que ayudara a salvar esta fuerte contradicción. Por ello interpretaron que el nombre Abel {HeVeL} [הבל] se refiere a que la vida del justo Abel fue como un hálito por lo breve.[10] Su vida fue truncada aun en su juventud.[11] Sin embargo, esta interpretación debe asumir que, en efecto, Abel murió joven; ¡mas no hallamos ninguna referencia en el texto sobre la edad de cada uno de los protagonistas! ¿Cómo saber si eran jóvenes o viejos?

El hecho de que el relato figure poco después del nacimiento no indica, necesariamente, que se refiera a hechos acontecidos al poco tiempo del nacimiento. Sobre este recurso estilístico de la Torá, de salto temporal entre un versículo y otro, existen otros ejemplos. Por citar algunos, mencionemos que poco después del nacimiento de Noé se habla del Diluvio ¡pero Noé tenía seiscientos años! Algo similar sucede con Abrahán: tras su nacimiento se relata (seis versículos después) la orden que Dios le dio para que se fuera a la tierra de Canaán… ¡Abrahán tenía 75 años! En el primer caso, Noé ya había recorrido dos tercios de su vida, mientras que Abrahán había pasado poco menos de la mitad de los años que vivió.

---

9. Martin S. Cohen, a la manera de un moderno *midrash*, los nombra: «Caín y Abel, Mayor y Menor, Creación y Hálito, Algo y Nada, Alguien y Nadie», ver Martin S. Cohen, «Enochville» [en inglés], en *Conservative Judaism,* vol. 53, núm. 2, Winter 2001, pág. 79.

10. Así entienden el nombre, por ejemplo, U. (M. D.) Cassuto, *op. cit.*, pág. 136 y Gordon J. Wenham, *op. cit.*, pág.102.

11. *Véase*, no obstante, la interpretación de Malbim en el capítulo II.

Asumir, pues, que Abel era joven es un intento de justificar su nombre, pero no encuentra demasiado asidero en el texto mismo.

Al comienzo de este capítulo, dijimos que el texto, en cuanto a los nombres, se presenta esquivo. Ahora aparece más claro que el texto, más que esquivo, parece querer confundirnos. Caín, el malvado, es el llamado «forjador». Abel, el bueno, es llamado «vano».

Pero no se detiene aquí el complejo relato. Otros elementos más están destinados a confundirnos.

V

La ocupación de los hermanos

En la segunda mitad del versículo 2 del capítulo 4 se menciona casi como al pasar las ocupaciones de Caín y de Abel. A Abel se lo presenta como pastor de ganado menor, mientras que a Caín como agricultor. Es llamativo el hecho de que el orden de presentación sea inverso al del nacimiento: Abel es mencionado primero, y Caín, segundo. Es probable que este orden siga un recurso estilístico que hoy en día se conoce como quiasma (nombre derivado de la letra griega khi [Χ] por su forma simétrica). El quiasma, entonces, ordena el texto según la forma AB-BA. Dado que la primera mitad del versículo termina con Abel (su nacimiento), la referencia inmediata siguiente es a este último personaje, para completar luego la información sobre Caín.[1]

Eljanán Samet ve en este orden del relato la intención de resaltar, en cada ocasión, a otro de los personajes: el que aparece primero es el que adquiere preeminencia. Así, en el nacimiento de los hermanos, es Caín quien resalta, mientras que en la elección de la ocupación es Abel quien aparece en un lugar destacado. El pastor, según Samet, adquiere una

---

1. M. D. Cassuto señala que a través de este recurso, el texto adquiere una perfecta armonía (ver «Me-Adam ad Noa<u>h</u>»[«De Adán a Noé»], págs. 136-137). Como veremos en el siguiente desarrollo, el quiasma aquí no sirve sólo a la simetría armónica, sino que posibilita que justamente Caín sea mencionado segundo.

preferencia espiritual y moral a causa de su forma de vida, mientras que el labrador tendría una falta básica.[2]

Samet presenta un interesante cambio de visión en comparación con la exégesis clásica: Caín tiene ventajas y respeto social, pero Dios prefiere al desposeído de ese reconocimiento social, ya que su vida es más humilde:

> Dios no «se deja impresionar» por el honor y el trato preferencial que Caín, el primogénito, recibe de sus padres (= la sociedad). Tampoco influye en Dios el vigor personal de Caín en el área económico-cultural, que se expresa tanto en su nombre como en su elección de ser labrador: dueño de tierras y quien desarrolla la civilización humana. Ni siquiera los derechos por haber sido el primero en el culto religioso (que también expresa preferencia social) son importantes a ojos de Dios. La elección divina le llega justamente al joven, al débil y al accesorio, quien no goza de honor social, ni de vigor territorial, sino que guía su vida en humildad y en la verdadera búsqueda de Dios.[3]

R. Shimshon Rafael Hirsch, por su lado, sostiene que la mención de Abel, primero, resalta lo extraño de su ocupación, ya que en esa generación la ocupación natural del ser humano era más bien el trabajo de la tierra y no la ganadería:

> Hay que preguntarse por qué menciona a Abel primero, a pesar de que Caín era el primogénito y de que más adelante vuelve a nombrar primero a Caín. Empero, el trabajo natural del ser humano era la agricultura. El ser humano necesitaba trabajar la tierra para encontrar su alimento. Caín eligió la ocupación natural; pero Abel se dedicó a otro trabajo y el texto

---

2. Ver Eljanán Samet, «Va-isha Hashem el Hevel ve-el minhato-¿madúa?» [«Atendió Dios a Abel y su ofrenda-¿por qué?» (en hebreo)], comentario a la parashá Bereshit, Yeshivat Har-Etzion, Gush Etzion, 1999, en https://www.etzion.org.il/he/download/file/fid/12042 y en https://www.etzion.org.il/he/%D7%A4%-D7%A8%D7%A9%D7%AA-%D7%91%D7%A8%D7%90%D7%A9%-D7%99%D7%AA-%D7%95%D7%99%D7%A9%D7%A2-%D7%9C%-D7%90-%D7%A9%D7%A2%D7%94-%D7%9E%D7%93%D7%95%D7%A2

3. Eljanán Samet, *idem.*

hace hincapié en ello al mencionarlo primero. El trabajo de Caín era natural y evidente.[4]

Si bien no es éste el único caso en el que el texto bíblico hace comparaciones como la que nos ocupa, no son muchas las citas bíblicas en las que se compara a dos personas. Esto, por otro lado, nos facilitará realizar un relevamiento comparativo. He encontrado que esto tan sólo se da en ocho ocasiones más, aunque es factible que existan otras. De estas ocho, seis aparecen en la Torá (cinco en el Génesis y una en el Éxodo), una en Samuel y otra en Rut. No todas estas formas mantienen el mismo estilo, pero sí conservan la estructura general:

A {es / hizo / se convirtió en / será}
B {es / hizo / se convirtió en / será}.   **y** {= mientras que}

Este tipo de comparación resalta las diferencias (a veces opuestas aunque no necesariamente contrarias) entre las dos personas. Veamos, por orden de aparición, los diversos ejemplos para luego analizarlos:

1) **Génesis 25:25-27** → *Salió el primero rojizo, todo como un manto de pelo y lo llamaron por nombre Esaú {'eSaW} [עשו]. Luego salió su hermano, con su mano tomando el talón {'eQeV} [עקב] de Esaú, y lo llamaron por nombre Jacob {Ya'aQoV}[יעקב]; Isaac tenía sesenta años al engendrarlos. Crecieron los muchachos y* Esaú *se hizo un hombre de caza, un hombre de campo,* <u>mientras que</u> Jacob *era un hombre simple y sedentario.*

2) **Génesis 29:16-17** → *Labán tenía dos hijas: el nombre de la mayor era Lea y el nombre de la menor, Raquel. Los ojos de* Lea *eran débiles,* <u>mientras que</u> Raquel *era bella y de agradable presencia.*

3) **Génesis 31:45-47** → *Tomó Jacob una piedra y la erigió como monumento. Díjole Jacob a sus hermanos: ¡Juntad piedras! Juntaron piedras,*

4. R. Shimshon Rafael Hirsch, comentarios al Libro de Génesis 4: 2, loc. cit.: «iesh litmoha».

las colocaron en ronda y comieron allí, en la ronda. $\boxed{Labán}$ *la llamó* Iegar Sahaduta, *mientras que* $\boxed{Jacob}$ *la llamó* Galed.

4) **Génesis 31:55-32:1** → *Se levantó Labán por la mañana, besó a sus hijas y a sus hijos y los bendijo, y regresó* $\boxed{Labán}$ *a su terruño, mientras que* $\boxed{Jacob}$ *siguió su camino.* [...]

5) **Génesis 44:8-10** → [...] *¿Cómo habríamos de robar de la casa de nuestro señor plata u oro?* $\boxed{Aquel}$ *de tus siervos a quien le sea encontrado, que muera; mientras que* $\boxed{nosotros}$ *quedaremos como esclavos de mi señor. Díjole: sea, pues, como habéis dicho:* $\boxed{aquél}$ *a quien se le encuentre será mi esclavo, mientras que* $\boxed{vosotros}$ *quedaréis limpios.*

6) **Éxodo 4:14-16** → *Se enojó YHWH con Moisés y dijo: ¿No sé acaso que tu hermano Aarón, el levita, será el que habrá de hablar? Y ya está saliendo a recibirte; te verá y se alegrará su corazón. Le hablarás y le pondrás las palabras en su boca y Yo estaré con tu boca y con la suya para indicaros a vosotros lo que haréis. Él hablará por ti al pueblo, por lo que* $\boxed{él}$ *se convertirá en tu boca, mientras que* $\boxed{tú}$ *serás para él el poderoso* [elohim].

7) **Samuel I 1:2** → *Tenía dos mujeres: el nombre de una era Hana y el nombre de la otra, Peniná.* $\boxed{Peniná}$ *tenía hijos, mientras que* $\boxed{Hana}$ *no tenía hijos.*

8) **Rut 1:14** → *Elevaron sus voces y lloraron aún más; besó* $\boxed{Orpá}$ *a su suegra, mientras que* $\boxed{Rut}$ *se apegó a ella.*

En todos estos ejemplos vemos que quien figura primero queda relegado frente a quien figura en segundo lugar. Pero, además de ello, el segundo es <u>preferido</u> (o está en una situación preferencial) frente al primero, ya sea en el contexto general de los relatos o en el inmediato del o de los versículos.

Así, Jacob es preferido a su hermano Esaú, tanto en el relato general de la historia de los hermanos como en la referencia del mismo versículo: «simple» {TaM} [תם] (en «hombre simple» {'iYSH TaM} [איש תם]) se entiende también, en hebreo, como «perfecto», «recto». Es simple en tanto no tiene «recovecos» extraños ni lados ocultos. El cazador debe ser artero, astuto, para poder engañar a su presa y atraparla. Jacob es retratado aquí como lo contrario de Esaú.

Lea, en el segundo texto de arriba, no se presenta de manera negativa en el contexto general del relato, pero en comparación con su hermana Raquel, Lea es la que lleva las de perder. La preferida es Raquel, aunque su hermana también sea querida (si bien no claramente amada) por Jacob.

En tercer lugar (textos 3 y 4), presenciamos el encuentro entre Jacob y su suegro Labán, después de que aquél se fugara con su familia y se pusiera en camino de regreso a la tierra de Canaán. Labán, quien engañó y se aprovechó de Jacob durante veinte años, es, sin duda alguna, el «malo» del relato. Cuando por fin llegan a un acuerdo de no agresión, cada uno denomina al monumento que sella el pacto de acuerdo con su propio idioma, pero con una misma significación: «pilar del testimonio». Labán propone el pacto, Jacob erige el monumento y, luego, ordena la construcción del círculo de piedras. Sin embargo, el texto da un salto inesperado al mencionar primero a Labán como quien le otorga nombre al pilar, y sólo después regresa a Jacob. Empero es Labán quien, a continuación, le da sentido al nombre. Daría la impresión de que hay un esfuerzo por situar a Jacob en segundo lugar, aun a costa de la simetría del texto.[5] De la misma manera, encontramos, unos pocos versícu-

---

5. La forma quiásmica, como ya vimos (nota 1), permite la formación de una simetría armónica del estilo AB-BA. En este texto en cuestión, vemos que el quiasma es roto, ya que el sentido de las frases se completa violando la simetría, como queda claro del siguiente análisis (la línea punteada muestra donde debería estar el quiasma y la línea entera donde termina el sentido de la frase):

31:43-44	A	*Respondió Labán. [...] Vayamos ahora a cerrar un pacto yo y tú, para que sea testimonio entre yo y tú.*
45	B	*Tomó Jacob una piedra y la erigió como monumento.*
46	B	*Díjole Jacob a sus hermanos: ¡Juntad piedras! Juntaron piedras, las colocaron en ronda y comieron allí, en la ronda.*
47a	A	*Labán la llamó Iegar Sahaduta,*
47b	B	*mientras que Jacob la llamó Galed.*
48-50	A	*Dijo Labán: «Esta ronda es hoy un testimonio entre yo y tú», por ello la denominó Galed. [...]*

los más adelante, que es Labán el primero del que se menciona la partida, y tan sólo luego es recordado Jacob, quedando, otra vez más, en segundo lugar. En todo este contexto, es evidente que Labán es el personaje negativo, mientras que Jacob es la persona preferida por el relato.

En el siguiente ejemplo (texto 5) se ve de forma indudable que quien es mencionado en segundo lugar está en mejor posición que aquel que se cita en primera instancia. Y esto es así independientemente de los nombres o los personajes en sí mismos. Quien aparece en primer lugar será el castigado con más severidad (muerte) que los siguientes (esclavitud). Esto se repite en la respuesta del mensajero de José: mientras que el primero será castigado, los segundos serán libres.

En el texto 6 (el ejemplo de Éxodo), encontramos que, si bien ambos miembros del relato (Moisés y Aarón) son positivos, uno está en mejor posición que el otro. O, más aún, el primero está subsumido al segundo. Quien lleva el mando, quien dará las iniciativas, es Moisés, mientras que Aarón queda reducido a un instrumento del primero.

Los siguientes dos ejemplos ya no pertenecen a la Torá. Sin embargo, encontramos que la relación de la estructura se mantiene. Es decir, que quien es mencionado segundo está en situación preferencial frente al primero. Si bien este último no es necesariamente negativo, es el segundo quien resalta como protagonista positivo del relato: Hana es aquella cuya plegaria es respondida (queda encinta), y ella misma deci-

---

51-53a	A	*Dijo Labán a Jacob: «[...] que el Dios de Abrahán y el dios de Nahor juzguen entre nosotros».*
53b	B	*Juró Jacob por el Temor de su padre Isaac.*
54	B	*Ofrendó Jacob un sacrificio en el monte y llamó a sus hermanos a comer pan. Comieron pan y pernoctaron en el monte.*
55a	A	*Se levantó Labán por la mañana, besó a sus hijas y a sus hijos y los bendijo*
55b	A	*Regresó Labán a su territorio,*
32:1	B	*mientras que Jacob siguió su camino. [...]*

Así, pues, se forma un texto de forma AB(B)-AB / A(A)-B(B) / A-(A)B o, en forma resumida (y hasta más ordenada): AB-AB / AB / AB, donde la asimetría es clara y donde Jacob queda siempre el segundo. Las letras entre paréntesis representan frases que pueden ser tomadas, en realidad, como continuación de la frase anterior, por lo que pueden ser omitidas de la fórmula final, dejando en exposición la forma resumida.

de luego dedicar a su hijo, Samuel, al servicio de Dios en el Templo. También en el ejemplo de Rut vemos la preferencia del segundo frente al primero. Orpá, si bien con llantos y tristeza, prefiere abandonar a su suegra. Claro está que la actitud de Orpá se podría denominar «legal». Es decir, ella se comportó de acuerdo con lo esperado y según la insistencia de su suegra. No hizo nada malo. Por el contrario, podríamos decir que su acción está de acuerdo con la mayoría. Sin embargo, es Rut la que resalta aquí por su extrema fidelidad. Ella se comporta de acuerdo no a lo esperado, sino a lo deseado. En este sentido, Rut está en posición preferencial frente a Orpá, y es mencionada, por lo tanto, en segundo lugar.

Pues bien, de acuerdo con todos estos ejemplos que hemos analizado (y que son todos, o la mayoría, de los existentes con la estructura de comparación que hemos señalado), observamos que en verdad quien es mencionado en segundo lugar relega al primero y queda en una situación preferencial o de preferido.

Ya que hemos arribado a esta conclusión, podríamos utilizarla también para el caso que nos ocupa: el versículo en que se compara a Caín con Abel en cuanto a sus ocupaciones. No se trata sólo de una ordenación quiásmica de las frases para lograr armonía, sino que es algo más. El texto nos presenta deliberadamente a Caín en segundo lugar. Con ello quiere llamar nuestra atención sobre él. Y siguiendo nuestras conclusiones anteriores, se puede pensar que ¡el texto presenta a Caín como preferido frente a su hermano Abel!

Ahora bien, este recurso estilístico sólo refuerza lo que el texto dice en sí mismo, si bien no directamente. Estamos acostumbrados a pensar que el pastor es visto por la Biblia como ejerciendo una ocupación en especial positiva.[6] El punto de partida para esta aseveración es, quizás, el hecho de que el pueblo de Israel era un pueblo pastor. ¿Qué pueblo hablaría mal de su propio modo de vida? Sin embargo, no necesariamente podemos demostrar que el texto prefiere al pastor. Sólo podemos decir que ésa es la ocupación del pueblo de Israel, y que, compara-

---

6. Ver, entre otros: Yoram Hazoni, «The Philosophy of Hebrew Scripture», Cambridge University Press, 2012, págs. 112 y sigs.; Julián Andrés González Holguín, «Cain, Abel and the Politics of God», Routledge, 2017, pág. 80 y sigs.

do con la caza, es preferible quien habita en tiendas, como en el caso de Jacob («ish tam» = «hombre simple») comparado con Esaú.

En otras palabras, el pastoreo es preferible a la caza, pero no necesariamente a la agricultura.[7]

Más aún, es importante recalcar que las festividades que la Torá ordena se relacionan con el ciclo de la agricultura, y no de la ganadería.[8]

Si leemos con detalle el texto anterior al relato de Caín y Abel, aquel con el que se cierra la expulsión del Jardín del Edén (Génesis 3:17-19 y 3:23), veremos que el ser humano tiene el permiso (y hasta la obligación) de trabajar la tierra. Pero nada se dice sobre el consumo de carne o el hecho de utilizar productos animales (tales como leche o cuero). Es más, si prestamos atención, veremos que es Dios mismo el que les facilita vestimentas de cuero (3:21), mientras que el ser humano sólo se hizo vestimentas de hojas (3:7). Esta diferencia entre el uso de productos agrícolas y animales adquiere aún mayor contraste al comparar la bendición que Dios le da al primer ser humano y aquella que le da a Noé tras el Diluvio:

1) **Génesis 1:28-30** → *Los bendijo el Poderoso y les dijo el Poderoso: «Fructificad y aumentad, llenad la Tierra y conquistadla. Dominad sobre los peces del mar, sobre el ave del cielo y sobre toda bestia que pisa sobre la Tierra». Dijo el Poderoso: «Les he entregado toda planta que da semilla que está sobre toda la Tierra, así como todo árbol que da frutos con semilla para que les sea de alimento. También para toda bestia de la tierra, para toda ave del cielo y para todo lo que pisa sobre la Tierra y que tiene espíritu de vida, toda planta verde les será de alimento». Y así fue.*

---

7. Ver en el capítulo II la interpretación de Malbim.

8. No podemos soslayar el hecho de que en todas estas ocasiones debía llevarse un sacrificio animal, pero ese sacrificio no estaba relacionado con el ciclo de los ganados. Es más, el ciclo agrícola persistió por encima de las referencias al ganado, ya que las festividades se continuaron más allá de la posibilidad real de ofrendar los sacrificios de animales. Las referencias agrícolas con respecto a las fiestas son permanentes.

Mientras que, tras el Diluvio, Dios bendice a Noé de la siguiente manera:

2) **Génesis 9:1-3** → *Bendijo el Poderoso a Noé y a sus hijos y les dijo: «Fructificad y aumentad, llenad la Tierra. Sobre todo animal de la tierra y sobre toda ave del cielo estará el temor y el pavor de vosotros. De todo lo que se arrastre sobre la tierra y de todos los peces del mar, a vuestra mano ha sido entregado. Todo lo que se arrastra y vive les será de alimento para vosotros: como las plantas verdes les He entregado todo.*

Comparando estos dos pasajes, vemos que hay un cambio radical en la actitud de Dios hacia el ser humano y hacia la Creación. En el caso de Adán y Eva, los animales y el ser humano están en igualdad con respecto a los alimentos que pueden tomar para sí. Tanto el uno como los otros pueden alimentarse de los frutos de la tierra. Pero no existe la opción de alimentarse de carne. Mientras que en el caso de Noé, se establece una tajante diferenciación entre el ser humano y los animales. El ser humano puede comer carne y la relación con los animales es de clara enemistad. Ya no basta con dominarlos, sino que el ser humano impondrá temor y pavor, y todos los animales estarán a merced absoluta del hombre.

Así pues, hemos de concluir que Caín y Abel están situados en una época en la que el consumo animal (carne o leche) estaba aún vedado, y sólo se les permite el consumo de plantas, frutas y verduras. Más aún, y como ya hemos dicho, también podemos inferir que la utilización del cuero no estaba al alcance del ser humano, ya que Adán y Eva sólo atinan a cubrirse con plantas, y no es sino Dios quien les otorga vestimentas de origen animal.

Empero, se podría aducir que Abel reúne y cuida al ganado como una forma de poner en práctica el mandato de «Dominad sobre los peces del mar, sobre el ave del cielo y sobre toda bestia que pisa sobre la Tierra». Sin embargo, es probable que esta invitación (¿o mandamiento?) a dominar se refiera más bien a la superioridad del ser humano sobre los animales. La raíz verbal hebrea {*RDH* [רדה] = «dominar»} tiene el significado original de «presionar», «poner el pie sobre algo»,[9] lo

---

9. Ver el diccionario de Ben Yehuda, *Milón ha-lashón ha-ivrit (…)*, tomo 13, pág. 6441, art. R.D.H. [רדה].

que implica estar en una posición superior. Es también probable que esta raíz sea cercana a YRD [ירד],[10] que significa «bajar», como diciendo que el dominio (en el sentido de esa raíz verbal) implica disminuir al otro, o bien demostrar que el dominado está por abajo. Empero, la ocupación de Abel, más que demostrar solamente superioridad, incluye la utilización de fuerza e imposición del temor sobre los animales. Esto es, quizás, más cercano a la situación en la que se encuentra Noé que la de Adán: es a Noé a quien se le dice: «Sobre todo animal de la tierra y sobre toda ave del cielo estará el temor y el pavor de vosotros». Y, de inmediato, después se agrega que pueden comer de la carne: «De todo lo que se arrastre sobre la tierra y de todos los peces del mar, a vuestra mano ha sido entregado. Todo lo que se arrastra y vive les será de alimento para vosotros: como las plantas verdes les he entregado todo». Mientras que al primer ser humano (y hasta que la orden cambia con Noé), se le recalca, tras hablarle del dominio: «Les he entregado toda planta que da semilla que está sobre toda la Tierra, así como todo árbol que da frutos con semilla para que les sea de alimento». Comparando ambas situaciones, queda claro que el dominio propuesto a Adán y sus descendientes tiene que ver con la superioridad del ser humano sobre los animales, pero sin implicar que se permita la posibilidad de quitarles la libertad (y hasta utilizarlos como producto).

Parecería que siempre existió una inquina entre el pastor y el agricultor. El pastor requiere campos libres para que su ganado paste. A medida que la agricultura avanza, menos son los lugares disponibles para pastoreo. Por otro lado, la agricultura implica el paso al sedentarismo y, con ello, a la construcción de ciudades y la posibilidad del desarrollo de la cultura tal como la conocemos. El pastoreo, por otro

---

10. Esta posibilidad es simplemente teórica. En una comunicación privada de la Academia de Lengua Hebrea de Israel me dicen: «Siguiendo la postura teórica que sostiene que las letras originales de las raíces [hebreas] son sólo dos, tiene lógica {suponer que R.D.H. [רדה] y Y.R.D [ירד] están emparentadas – I.K.}, pero también presenta problemas. No he encontrado ningún autor de diccionario que conecte ambas raíces, si bien en algunos idiomas semíticos la raíz R.D.Y {=R.D.H.} [{רדה=}רדי] está relacionada con el andar y, en consecuencia, con la acción de pisar, presionar» (comunicación transmitida por Barak Dan, de la secretaría científica de la Academia de Lengua Hebrea de Israel).

lado, implica deambular sin echar raíces, lo que amenaza el estilo de cultura sedentaria. Por otro lado, es importante recordar el tipo de ganado del que Abel es pastor: ganado menor, es decir, caprino u ovino. El ganado menor (y principalmente el caprino) es considerado un destructor del medio ambiente agrícola. Los pequeños animales de pastoreo penetran en los campos, arrasando a su paso y con sus mandíbulas cuanto cultivo exista.

Un claro ejemplo de esa inquina lo encontramos en el encuentro de José y sus hermanos, cuando el primero les advierte a los últimos que no mencionen que son pastores, ya que esto es abominable para los egipcios (para quienes la agricultura es la base de su economía y el desarrollo de su cultura).

Muchos siglos después, encontramos en Israel un edicto que prohíbe la crianza de ganado menor en la Tierra de Israel[11] justamente por el carácter destructivo que tiene este ganado.

No deja de resonar al lector (y sobre todo a quien está cerca de la agricultura o la ganadería) esta competencia y esta inquina entre las dos ocupaciones. Lo que deberíamos definir es a favor de quién se inclina el texto bíblico en nuestro caso. ¿Acaso presenta al pastor como ejemplo a seguir? ¿O bien es el agricultor quien cae en gracia?

Sea cual fuere la solución, la tensión queda planteada ya en el comienzo mismo del relato.

Tras todo esto, no me queda más que reiterar, según lo analizado en los párrafos que anteceden, que Abel se ocupaba de una tarea que no le estaba permitida ni era la deseada, imponiendo el temor sobre los animales y no tan sólo estableciendo una superioridad relativa al ser humano.

Unamos, entonces, lo que hemos colegido hasta ahora:

1. El ser humano no puede consumir carne ni productos animales.
2. Dios expulsa a Adán y Eva y los conmina a trabajar sólo la tierra.

---

11. Mishná Baba Kama 7:7: «No se cría ganado menor en la Tierra de Israel, pero sí se puede en Siria o en los desiertos de la Tierra de Israel» (los desiertos de ese lugar no son áridos, sino que son zonas no aptas para cultivos, pero donde crecen plantas silvestres de las cuales puede alimentarse el ganado menor).

3. Abel es pastor.

4. Caín es agricultor.

5. Caín es mencionado en segundo término con respecto a Abel.

Según el análisis que hemos hecho hasta ahora y uniendo todos estos puntos, podemos concluir por ahora que Caín es quien sigue aquello que Dios ordenó, ocupándose del trabajo de la tierra, mientras que Abel se dedica a algo que, en principio, le está vedado al ser humano.[12]

La forma estilística del texto ayuda a esta conclusión, ya que menciona a Caín y su ocupación en segundo lugar, que, como hemos demostrado a lo largo de este capítulo, es un lugar preferencial frente a su hermano.

Así pues, uniendo las conclusiones de los dos capítulos precedentes, hemos de colegir que Caín lleva un nombre positivo («el forjador», «el constructor»), y que esto hace referencia en la Biblia a una característica idiosincrática del personaje, mientras que Abel lleva un nombre negativo y es considerado secundario, teniendo en cuenta que ninguna etiología es asociada a su nombre.

Además, Caín se ocupa de la actividad preferida, mientras que Abel cría ganado, algo no permitido aún en la Torá.

Si dejáramos el relato aquí, nos quedaríamos con la sensación de que Caín es el personaje positivo de la historia, y Abel, el negativo.

Pero debemos seguir leyendo y analizando el texto para comprender con mayor profundidad qué otros elementos encierra.

---

12. Según Hermann Gunkel, la ocupación de Abel no concuerda con la narrativa correspondiente al Paraíso, ya que según ésta, el ser humano sólo puede ocuparse del trabajo de la tierra. Gunkel llega a la conclusión de que esta historia no estaba conectada, originalmente, con el mito del Paraíso. Ver Hermann Gunkel, «Genesis», Mercer University Press, Macon, Georgia, 1977, pág. 42. En nuestra opinión, el hecho de que Abel se ocupe del pastoreo y no de la agricultura es significativo justamente en el contexto del relato del Paraíso, y no es ningún indicio de relatos separados.

VI

La relación con Dios

La ocupación de los hermanos tiene un corolario que resulta muy significativo en el contexto de este relato: la necesidad que cada tarea exige de relacionarse con Dios.

La agricultura es una de las ocupaciones humanas de mayor dependencia de las fuerzas naturales. El agricultor puede ser un excelente profesional en su ámbito y, sin embargo, no bastar con su pericia. Las características del suelo, la orientación y el tipo de los vientos, las lluvias, las plagas, todo ello conforma el día a día del agricultor. Esas fuerzas, que están lejos del poder humano, se encuentran controladas por Dios. Es decir, el agricultor desarrolla una gran sensibilidad a la dependencia de Dios, ya que siente permanentemente esa dependencia y sabe que hasta el último momento los resultados de su labor no están asegurados. Cuando estos resultados llegan, puede apreciar la asociación íntima con Dios en el desarrollo de los frutos: el agricultor pone su esfuerzo y pericia, asociado con Dios, quien proporciona buenas condiciones climáticas y ambientales.

El criador de ganado, por su parte, no está tan expuesto a percibir día a día la influencia divina. Esto no quiere decir que no la sienta o que no sepa de ella, sino tan sólo que su labor no requiere una permanente conciencia del poder de Dios. El ganado se reproduce solo. La tarea del pastor es cuidar a los animales para un mejor aprovechamiento de éstos, mas los animales pueden también cuidarse solos. De hecho, los animales se aparean solos, paren solos, se alimentan solos, crecen solos. Sin duda alguna, el pastor influye en estos procesos, ya sea fomentándolos o controlándolos. Pero si se produce un cambio de clima, basta con que el pastor traslade a su ganado hacia sectores más apacibles. Si se empobrecen los pastos, el pastor desplazará a su ganado hacia zonas de mejor pastoreo. Y, de hecho, es el ganado el que se va moviendo por sí solo. Es decir, el pastor está menos expuesto que el agricultor a las consecuencias de las inclemencias del tiempo. O bien podríamos decir que el agricultor tiene menos elementos de defensa que el pastor frente a esas inclemencias.

Por ello, el agricultor debe pedir la gracia de Dios con mayor frecuencia, mientras que el pastor puede arreglárselas mejor solo antes de pedir la clemencia divina.

Quizás sea por ello por lo que las festividades que la Torá establece están principalmente relacionadas con el ciclo de la agricultura, si bien incluyen ciertos elementos ganaderos. Pesaj marca el comienzo de los cereales, Shavuot indica la cosecha del trigo y la entrega de los primeros frutos al Templo, Sucot[1] celebra el fin de la cosecha y la alegría por los frutos de la labor, así como la preocupación por buenas lluvias y vientos para el siguiente año agrícola. También el año de *shemitá* se relaciona con el ciclo agrícola (la prohibición de trabajar la tierra) y el *Iovel*[2] implica la redistribución de la tierra de agricultura. Lo agrícola, sin lugar a dudas, requiere una relación más íntima con Dios que lo ganadero. Los frutos del agricultor se sienten con mayor fuerza como los frutos del esfuerzo del trabajo humano y la asistencia de Dios, en tanto que el pastoreo resalta menos esa relación.

Todo esto no deja de ser llamativo si tenemos en cuenta que el agricultor de nuestro relato es Caín, mientras que el pastor es Abel.

Como agricultor, Caín es, pues, quien está más pendiente del acercamiento a Dios. Caín es aquel que, día a día, debe pedir la asistencia divina para que su labor no se vea truncada.[3] Mientras que Abel no necesariamente se ve impelido a hacer esta petición una y otra vez.

---

1. *Véase* el glosario para la explicación de Pesaj, Shavuot y Sucot.
2. *Véase* en el glosario los términos Shemitá e Iovel.
3. *Véase* en el capítulo II el comentario de Ezra Bick.

Quizás podamos ahora comprender mejor por qué Caín es el primero en decidir llevar una ofrenda a Dios. Hasta este punto del relato bíblico no hemos visto que Dios exija al ser humano ningún tipo de ofrenda, excepto el cumplimiento de ciertas leyes mínimas. La ofrenda entregada aquí es, pues, un acto espontáneo de agradecimiento, como expresión de la alegría y de la satisfacción ante la tarea culminada. Caín muestra de una forma tangible que Dios es su «socio» en la labor y le entrega una parte del producto.[4], [5]

Sólo tras ver lo que Caín hace, Abel decide también hacer una ofrenda a Dios. El texto recalca que «Abel, *también él*» lo hizo, como queriendo expresar que lo de Abel es una consecuencia o una imitación de la acción de Caín. Es Caín, pues, quien toma la iniciativa de resaltar la centralidad de Dios en la vida humana, en tanto que Abel es quien copia esa iniciativa.

Ahora bien, varios intérpretes clásicos hacen hincapié en la frase que define el tipo de ofrendas:[6] de Abel se dice que llevó de las «primicias de su ganado y de la gordura de ellos»,[7] mientras que de Caín se afirma que llevó: «del fruto de la tierra». De estas dos construcciones, llegan a la conclusión de que Abel llevó ofrendas de la mejor calidad que se pueda conseguir (la «gordura»), mientras que Caín sólo llevó ofrendas de baja calidad, e incluso desechos (llevó «algo» del fruto de la tierra). Sin embargo, esta conclusión sólo se sostiene partiendo de la premisa de que todo lo que haga Abel será bueno y todo lo que haga Caín será malo.

---

4. En un interesante artículo en la revista *Midstream*, Lippman Bodoff señala, justamente, que Caín reconoce a Dios como la fuente de su éxito en la vida y que, de hecho, introduce una nueva base moral, ya que jamás había recibido la guía de su padre Adán, quien, por el contrario, jamás había ofrecido tributo alguno a Dios. Ver Lippman Bodoff, «Hellenism vs. Hebraism on the inevitability of tragedy: studying the Cain and Joseph stories», en *Midstream*, vol. 48, núm. 6, sep.-oct. de 2002, págs. 33-36.

5. *Véase* en el capítulo II el comentario de Ezra Bick.

6. Ver, por ejemplo, Bereshit Raba 22:5 y Filón de Alejandría, citados en el capítulo II.

7. Tur Sinai sostiene que la palabra «<u>H</u>eLVeHeN» [חלביהן] (*la gordura de ellos*) es producto de una metátesis (intercambio de letras), y que, siguiendo Job 39:3, debería leerse «<u>H</u>eVLeHeN» [חבליהן] («dolores de parto = crías»). Ver N. H. Tur-Sinai, «Peshutó shel mikrá», Kiriat Sefer, Jerusalén, 1967 (5727), vol. I, pág. 13.

Pero no es posible llegar a esta conclusión tajante de los intérpretes clásicos si analizamos el texto tal cual es desde su sentido lato, desprovistos de preconceptos.[8] El texto es muy claro en este punto. Abel aparece agregando una acción, mas no necesariamente comparado con Caín.[9] Y en lo que respecta tanto a Caín como a Abel, el texto deja claro que ambos portaron una selección de lo que había, mas no algo mejor o peor.[10] Ahora bien, no cabe duda de que la expresión de la ofrenda de Abel es más impresionante que la de Caín. Allí se habla de las primicias y de la gordura, es decir, de los primeros animales más rollizos.

¿Es esto suficiente como para considerar que Caín llevó una ofrenda de baja calidad?

Creo que no. El texto sólo nos permite colegir que Abel portó una ofrenda de alta calidad, pero nada nos dice con respecto a la de Caín, sólo el hecho de que era una selección de los frutos de la tierra. No hay, en el texto, ninguna apreciación sobre la calidad de la ofrenda de Caín. Toda valoración que hagamos, ya sea positiva o negativa, depende exclusivamente de nuestra subjetividad. Lo único que el texto nos permi-

---

8. Hilel Tzeitlin, en su artículo «Musag ha-rejush veha-kinian be-kitvei ha-kodesh» [«El concepto de posesión y adquisición en las Sagradas Escrituras»], llega a una conclusión similar. Allí dice: «Nuestros antepasados tenían claro que Caín trajo su ofrenda de lo pésimo. Si es por tradición oral, lo aceptaremos como tradición; pero la lectura llana del versículo "Caín trajo del fruto de la tierra una ofrenda para YHWH" no demuestra para nada que hubiera traído de lo peor» (citado por Eljanán Samet en «Va-isha Hashem el Hevel ve-el minhato - ¿madúa?» [«Atendió Dios a Abel y su ofrenda - ¿por qué?»], comentario a la *parashá Bereshit*).

9. La comparación, que incluso podría implicar una preferencia valorativa entre uno y otro, existiría si el texto hubiera dicho algo así como: «Caín trajo una ofrenda del fruto de la tierra, *mientras que* (o *en tanto que*) Abel trajo de las primicias de su ganado». El texto debería haber utilizado una partícula disyuntiva tal como 'aJ [אך = en tanto que], o 'aVaL [אבל = pero], o incluso Ve [también traducible por «pero» en el contexto]. Empero, el texto dice: «Caín trajo, del fruto de la tierra, una ofrenda para YHWH. Y Abel, *también él {Gam Hu}* [גם הוא] trajo de las primicias de su ganado y de la gordura de ellos». En hebreo, esto implica un agregado, mas no una comparación disyuntiva.

10. El texto hebreo es aún mucho más claro que la traducción, ya que la expresión «*del* fruto de la tierra», así como «*de las* primicias y *de la* gordura» no dejan lugar a dudas en hebreo de que se trata de una selección.

te saber es que Caín fue quien tomó la iniciativa. Él, por así decirlo, fue el creador de las ofrendas a Dios. A Abel no le quedaba más que copiar lo que su hermano había hecho. No cabe duda de que, una vez que se tiene el modelo, se puede intentar mejorarlo. Y esto es, en todo caso, lo que hace Abel.

Empero, he de incluir aquí una aclaración que, a mi entender, se desprende de todo lo que hemos analizado hasta ahora. El producto de Abel, en gran medida, no depende de su esfuerzo personal. Abel no porta una ofrenda del fruto de su esfuerzo, sino más bien del fruto del trabajo del ganado. Es decir, que las primicias y, sobre todo, el ganado más rollizo, no son necesariamente consecuencia del esfuerzo de Abel, sino más bien de la elección de comida de los animales mismos. Aunque supongamos que en verdad es la dirección de Abel la que permite que el ganado engorde, este trabajo no es comparable, ni en esfuerzo ni en la dependencia de Dios, al trabajo de Caín. Por más que hubiera cabezas de ganado que murieran como consecuencia de fenómenos meteorológicos o procesos naturales, siempre es posible encontrar ejemplares buenos. Sólo en el caso de un gran desastre, queda el ganadero sin nada bueno que ofrecer.

No es éste el caso de Caín. La frecuencia de fracaso en la cosecha es mayor que en la ganadería. Los fenómenos naturales afectan, sobre todo, a toda la cosecha. Por ello, la entrega en ofrenda del fruto de la tierra implica, en comparación, *mayor sacrificio* que la entrega de ganado.

Si bien puede ser loable el intento de mejorar el modelo (suponiendo que ésa hubiera sido la intención de Abel), la relación entre el esfuerzo y la entrega que hay en la ofrenda de Abel no es aún comparable con la relación existente entre el esfuerzo y la entrega presentes en el trabajo de Caín y su ofrenda. El valor relativo de sendas ofrendas es claramente distinto y, según lo analizado hasta ahora, es la de Caín la que lleva la delantera.

VII

La respuesta de Dios

Nuestro análisis hasta aquí parece ir demostrando que Caín es la figura que la Torá presenta como preferible, como aquella de mayor virtud, como el héroe bueno de la narración. Mas el relato nos depara un cambio radical. La ofrenda de Caín, por bien que la hayamos presentado en el capítulo anterior, es rechazada por Dios. Este rechazo produjo el enojo de Caín... Un profundo enojo, resultado, quizás, de la decepción o de los celos, y que, en primera instancia, parece suficientemente justificado.

El semblante caído al que hace referencia el texto para describir a Caín en su enojo tal vez nos remita más al sentimiento de decepción que al de celos. Si bien esto no es en todos los casos así, la reacción física visible en el rostro de alguien a quien las cosas no le salen como esperaba se muestra, sobre todo, en el decaimiento del semblante. Por otro lado, los celos y el enfado (el enojo dirigido contra alguien) suelen producir otro tipo de reacción en la cara, como, por ejemplo, fruncir el ceño o apretar la quijada. Dejaremos para un poco más adelante el problema de si el acto de Caín de matar a su hermano está directamente relacionado con este enojo; es decir, de si fue o no fue consecuencia de él.

¿Por qué Dios no aceptó esta ofrenda? Si, como dijimos antes, Caín se ocupa de la tarea que Dios permitió (o más bien ordenó) al ser humano, si es quien realizó la primera ofrenda y concibió el concepto de «entregar» a Dios parte del fruto de la labor, acto que implica humildad al reconocer que no es que «mi fuerza y el poder de mi mano me dieron esta prosperidad» (Deut. 8:17), ¿por qué, pues, este acto no es aceptado por Dios?

Más aún, si Abel entregó como ofrenda a un animal, lo que implica una abierta demostración de que su ocupación no era la indicada por Dios, si podemos suponer, siguiendo el sistema de sacrificios que más tarde describe la Torá, que para realizar esta ofrenda Abel mató al animal, ¿por qué Dios aceptó su ofrenda?

En apariencia, aquí hay una contradicción.

Muchos exégetas (judíos y no judíos) intentaron explicar el rechazo de Dios hacia Caín sobre la base de las características negativas de su persona.[1] No es el acto el que es rechazado, sino la persona: «a *Caín* y a su ofrenda no dio atención» (Gén. 4:5). Pero para ello debemos suponer que Caín era malo, a pesar de que no hay nada hasta este punto del texto que nos lo dé a entender. Podríamos quizás derivar su maldad del acto futuro, sostener que es un asesino en potencia y que Dios ya lo sabía. Esta interpretación fue esgrimida algunas veces,[2] pero nos remite a una suerte de paradoja y, además, parecería que contradice, como enseguida veremos, la teología de la Torá.

La paradoja reside en el hecho de que Caín no habría matado a su hermano si no hubiera tenido celos de él. Los celos fueron consecuencia de la aceptación de la ofrenda de Abel y el rechazo de la propia. ¡Pero la ofrenda de Caín no fue aceptada porque, en el futuro, él iba a matar a su hermano porque su ofrenda no fue aceptada![3]

---

1. *Véase* en capítulo II las referencias a los comentarios de, ente otros, Filón de Alejandría, la Primera Epístola de Juan, Bereshit Raba, Rashi, el Corán. Ver también V. Hamilton, *op. cit.*, pág. 224, y también Anto Popović, «Il grido del sangue del fratello ucciso - Il conflitto tra Fratelli secondo il libro della Genesi 4,1-16», en *Liber Annuus*, vol. 69, 2019, págs. 34-35.

2. Ver, por ejemplo, Midrash Tanhuma Parahat Emor 9, Ialkut Shimoni Qohelet 968, Rabenu Bahaye a Lev. 22:27, Libro de Adán y Eva (citado en el capítulo II).

3. Sin embargo, podemos postular, como en efecto haremos más adelante, que el asesinato nada tuvo que ver con los celos. Esto rompería la paradoja, pero mantiene el problema teológico que analizaremos a continuación.

Por otro lado, y desde el punto de vista teológico de la Torá, el planteamiento de que el rechazo de Dios proviene del futuro acto negativo de Caín implica un fatalismo absoluto. Es decir, que Dios, que sabe todo lo que sucederá, decide Sus juicios en virtud de los actos futuros de las personas: ¡Caín está condenado aun antes de haber consumado cualquier crimen! Con ello se niega la posibilidad del arrepentimiento y del regreso al buen camino (la posibilidad de la *teshuvá*, concepto central en la teología de la Torá y de los Profetas).[4] Este principio teológico se ha establecido con claridad en el Talmud: «Dijo Rabí Itzjak: una persona no es juzgada sino por sus actos al presente»,[5] a lo que Rashi agrega en su comentario «aunque en el futuro cercano esté por actuar de forma malvada».[6] Si los Sabios judíos de la época talmúdica hubiesen entendido que el sacrificio de Caín no fue aceptado por sus actos malvados futuros, ¿cómo es posible que aceptaran lo que establece Rabí Itzjak sin siquiera contraponer el ejemplo de Caín?

Además del rechazo de la ofrenda de Caín,[7] el texto llama la atención sobre la aceptación del sacrificio de Abel. Pues haber rechazado la ofrenda de uno no implica, necesariamente, aceptar la del otro. Dios podría haber rechazado ambas o aceptado ambas. Como hemos afirmado, la crianza de ganado y sus usos no son tareas que Dios haya permitido en esta etapa del relato bíblico. ¿Cómo es posible que Él aceptara como grato algo que es producto de actos que contradicen Su voluntad? Podríamos argumentar que a quien se acepta es a Abel, mas no su ofrenda. Sin embargo, no es esto lo que nos dice el texto: «YHWH atendió a Abel y *a su ofrenda*» (Gén. 4:4). ¿Se podría suponer, entonces, que el acto realizado por un justo es automáticamente aceptado por Dios, sin importar si el acto en sí mismo es bueno o no, o si la fuente o

---

4. Ver, por ejemplo, Deut. 4:30, 4:39, 30:2, Isa. 55:7, Eze. 18:21-23, Hos. 14:2. Si Dios sabe de antemano que la única posibilidad es que la persona transgreda, ¿cómo es que reclama su arrepentimiento? Y si sabe de antemano que la persona se va a arrepentir, ¿para qué amedrentar con castigos y exhortar al arrepentimiento, que de todas maneras vendrá aún si exhortación?

5. Talmud Babilónico, Tratado Rosh Hashaná 16b.

6. Rashi, idem, loc. "*shel ota shaa*".

7. Aunque, como veremos en el próximo capítulo, no necesariamente se trató de un rechazo.

el producto de ese acto son buenos o no? ¡Por supuesto que no! El justo (suponiendo que Abel lo hubiera sido) no tiene adquirido el derecho de la aceptación de sus actos de forma indiscriminada. Esto violenta el concepto de justicia Divina y el de *teshuvá* (arrepentimiento y cambio de rumbo hacia el bien), ya que alguien que hubiere arribado al nivel de justo se vería libre de controlar sus actos, pues siempre serían aceptados por Dios, ¡aun aquellos que Dios no quiere! Comprendamos que una cosa es que, por ser alguien justo, sus transgresiones le sean perdonadas más fácilmente en virtud de sus actos de justicia, ¡pero otra cosa muy distinta es que los actos negativos le sean aceptados! Esto es comparable al caso de alguien sometido a juicio por un tribunal a causa de una violación menor de la ley: el tribunal podrá imponerle una pena más baja si demuestra que siempre ha sido un ciudadano ejemplar, ¡mas no lo felicitará por esa violación!

Volviendo a la ofrenda de Caín, es interesante remarcar que el concepto de sacrificio de expiación ronda alrededor del *acto* bueno que se contrapone al *acto* malo. Un caso interesante planteado por la Torá con respecto al sacrificio y la calidad de la persona es el del nazareo [*nazir*]. La ley del nazareo le exige llevar un sacrificio de holocausto y otro de expiación[8] cuando termina el período de su voto de nazareato. Los exégetas se debaten sobre el motivo del sacrificio de expiación, que implica que quien lo ofrenda tiene una culpa que pagar. ¿Cuál es la culpa del nazareo? ¡Si él ha hecho voto de separarse de ciertos placeres mundanos y de ciertos deberes familiares (tiene prohibido acercarse a un muerto, aunque fueran sus propios padres) para dedicarse a Dios! Las respuestas que dan se dividen en dos vertientes: aquellos que consideran que la transgresión del nazareo es, justamente, haberse alejado del mundo normal[9] y los que consideran que la transgresión consiste en abandonar el nazareato e incorporarse de nuevo a lo mundano.[10] Un problema que surge de esta segunda postura es que la transgresión aún no se ha cometido, pues la ofrenda debía ser traída *antes* de reincorporarse a la vida mundana. ¡El sacrificio, entonces, se adelanta a la trans-

---

8. Núm. 6:13-14.
9. Ver TB Taanit 11a.
10. Ver Najmanides, núm. 6:14, Avrabanel, núm. cap. 6.

gresión como una especie de expiación «a cuenta»! Si Dios permite (y hasta exige) un sacrificio a cuenta de una transgresión futura, ¿por qué habría rechazado la ofrenda de Caín sobre la base de su transgresión futura? ¿Por qué no tomarlo como expiación «a cuenta»? Y si se interpreta según la primera postura citada, vemos que es el acto concreto realizado el que decide si la persona transgredió o no, mas no sus características personales.

Pero más interesante es, quizás, el caso de actos no aceptados por Dios, aunque provengan de un justo. Sin duda, el más sobresaliente de todos es el grave castigo impuesto a Moisés: ¡la condena a no entrar en la Tierra Prometida! ¿Acaso se puede poner en duda que Moisés fue un justo? La misma Torá dice sobre él que habló «cara a cara» con Dios como nadie antes lo había hecho ni como nadie jamás lo hará.[11] El texto bíblico lo caracteriza como «extremadamente humilde»,[12] y señala que nunca hubo (ni habrá) un profeta como él.[13] Pese a todas estas características tan positivas y plenas de virtud, Moisés cometió un acto no deseado por Dios y, por ello, es castigado con dureza. Con esto queda claro que lo que cuenta en el rechazo o castigo divino es la calidad del acto y no la calidad de la persona que lo realiza.[14]

---

11. Exo. 33:11, Deut. 34:10.

12. Núm. 12:3.

13. Deut. *ibid.*

14. Existen otros ejemplos de acciones no deseadas por Dios y que no son aceptadas por Él a pesar de que la persona que las realiza es justa y no malvada. Uno de ellos es el caso de los dos hijos de Aharón, Nadav y Avihu, quienes ofrecieron un incienso no prescripto por las leyes sacerdotales el mismo día de la inauguración de sus funciones. Esta ofrenda se realizó como parte de las celebraciones y la algarabía por el nuevo orden del culto. Sin embargo, esto no fue del agrado de Dios, y Nadav y Avihu ¡fueron consumidos en el acto por una llamarada que salió desde el altar! (Lev. 10:1-2). Es de suponer que ambos hijos de Aharón, si no eran justos, por lo menos no eran malvados como para que se les decretara semejante castigo. Nada sabemos sobre ellos, más que el hecho de que fueron elegidos sin tacha junto a sus otros dos hermanos, Elazar e Itamar, para secundar a su padre Aharón en el sacerdocio, tarea que requería una virtud muy alta, tanto más si se trataba de los primeros sacerdotes del pueblo y fueron elegidos directamente por Dios (Exo. 24:1; 24:9, donde tuvieron el derecho especial de ver la Presencia de Dios; 28:1).

Nos es difícil considerar a Abel como más justo que Moisés como para que Dios dé lugar sólo a su personalidad para aceptar una ofrenda fruto de una labor que Dios no permitió, labor que no requiere, en comparación, tanto trabajo como la ofrenda de su hermano y que no implica una conciencia de plena dependencia de las mercedes de Dios.

Teniendo en cuenta, como ya se ha dicho, que la aceptación de una ofrenda no depende del rechazo de la otra y viceversa, sino que son independientes, no podemos entender por qué Dios rechazó la ofrenda de Caín, por un lado, ni por qué aceptó la de Abel, por el otro.

Esta situación contradictoria y, en apariencia, injusta, podría resolverse si planteáramos otra posibilidad, que aún no se ha puesto en juego. Se trata de analizar si lo que Dios hizo es, en efecto, aceptar y no aceptar, o si la palabra que se utiliza en el texto significa quizás otra cosa.

El texto describe la reacción de Dios como {Va-ISHa'} [וישע], que traduciremos como «atendió», y {Lo' SHa'aH} [לא שעה], «no dio atención», (Gén. 4:4-5). Desde siempre se le ha dado a estas palabras el sentido de aceptación o de preferencia. Dios prefirió, aceptó, miró propicio a Abel, mas no a Caín. Pero ¿qué pasaría si esa raíz verbal significara otra cosa en hebreo? ¡Entonces la frase tal vez cambiara por completo de sentido! Quizá descubramos que no existió preferencia de uno sobre el otro, que Dios no eligió a Abel en detrimento de Caín.

Analicemos esta raíz verbal y veremos que, en efecto, éste parece ser el caso.

VIII

La raíz hebrea SH. '. H. [.ש.ע.ה]

Esta raíz no aparece demasiado en la Biblia. En la Torá sólo se encuentra en dos ocasiones: la primera, aquí, y la segunda, en Éxodo 5:9. En este último caso, el significado es claramente «prestar atención»[1] o «prestar oídos»: «Que se les aumente el trabajo a estos hombres, para que se ocupen de él y *no presten oídos* a mentiras». El resto de casos (doce en total), están distribuidos en toda la Biblia:

1 en Samuel II → 22:42.
2 en Salmos → 39:14 y 119:117.
2 en Job → 7:19 y 14:6.
7 en Isaías → 6:10; 17:7; 17:8; 22:4; 31:1; 32:3; y 41:23.

En todos estos casos, la raíz significa «tornar hacia», o «dirigir la vista», o «apartarse de», dependiendo, en los distintos casos, de la preposición que acompaña al verbo.[2]

Un caso más se encuentra en Isaías 29:9, mas aquí la raíz parece ser SH.'.[ע.ע.ש.],[3] cercana a la anterior desde el punto de vista lingüístico,

---

1. Ver, por ejemplo, Gordon J. Wenham, *op. cit.*, pág.103.
2. Ver diccionario de E. Ben Yehuda, tomo 13, pág. 7341, art. SH.'.H [שעה].
3. De acuerdo con Avraham Even Shoshán, *Konkordantzia Jadashá la-Tanaj*, Kiriat Sefer, Jerusalén, 1977, tomo III, libro II, pág. 2220. Ver también el diccionario de

cuyo significado –según el contexto, ya que es la única vez que aparece en toda la Biblia– es «asombrarse».

En todos estos casos (incluyendo el de Éxodo) hay dos elementos en común:

a. La palabra parece implicar el movimiento físico de girar la cabeza, ya sea hacia un centro determinado, como atención, o bien desde un centro determinado, como desaprobación.
b. No aparece relacionada jamás con la aceptación o no de un sacrificio.[4]

Comencemos por este último punto. El término que la Biblia utiliza para indicar la aceptación o la aprobación de un sacrificio por parte de Dios es R.TZ.H [ר.צ.ה.]. Esta raíz, ya sea en su forma verbal o como sustantivo (*Ratzón* [רצון]) aparece en la mayoría de los casos de aceptación o propiciación de un sacrificio por parte de Dios. Otras raíces que se usan con un fin similar (sacrificio querido, aceptado, agradable a Dios) son H.F.TZ [ח.פ.צ.] y '. R. V. [ע.ר.ב.].[5] Pero ¡en ningún caso aparece la raíz **SH.'.H.** [שׁ.ע.ה.] para expresar preferencia o propiciación de un sacrificio!

_____

E. ben Yehuda, tomo 13, pág. 7358, art. SH.'.' [שעע].

4. También Biniamin Oppenheimer remarca este punto. Sostiene, además, que en todos los relatos antiguos, Dios demuestra su aceptación o rechazo de un sacrificio a través de hechos que no dejan lugar a dudas. Ver Biniamin Oppenheimer, «Kain ve-Hevel», en M. Dorman *et al.* (eds.) *Mehkarim b'toldot Israel ubalashon ha-ivrit*, Hakibutz Hameuhad, Tel Aviv 5730 (1970), pág. 59.

5. La forma R-TZ-H [רצה] aparece con el sentido de aceptar o mirar propicio tanto con respecto a sacrificios como a personas. Ejemplos de este segundo caso los tenemos en el Génesis 33:10, Ezequiel 20:40-41, Ezequiel 43:27, Proverbios 15:8 o Eclesiastés 9:7. Del primer caso (aceptación o propiciación de sacrificios), veamos algunos ejemplos en Levítico 1:4; 7:18; 22:20-21; 22:27; Isaías 56:7 y Jeremías 6:20. Por otra parte, la raíz H-F-TZ [חפץ] también aparece con la misma extensión que la anterior y se emplea en casos similares (ver Isaías 62:4 y Malaquías 1:10 para el caso de individuos, y Samuel I 15:22, Isaías 1:11, Oseas 6:6, Salmos 51:18, Salmos 51:21, Salmos 40:7 para el caso de aceptación o no aceptación de ofrendas). Por último, la raíz '- R- V [ערב], que significa «ser placentero», también aparece, en tres casos, en relación con los sacrificios: Jeremías 6:20, Oseas 9:4 y Malaquías 3:4.

Por tanto, parece difícil poder aceptar que en esta única ocasión (en el caso de Caín y Abel) signifique «aceptar», «mirar propicio» o «preferir», ¡cuando no es éste el sentido semántico con que aparece en las otras instancias en el texto bíblico y cuando esos mismos significados son expresados a través de otras raíces!

Pero analicemos ahora la primera de las características que señaláramos antes. Según todas las apariciones de esta raíz verbal en la Biblia, el significado implica el movimiento de la cabeza, ya sea hacia un centro de atención o desde un centro de atención; es decir, volver la cabeza o volver la espalda. Para mayor claridad, veamos los ejemplos en sí mismos:

Fuente	Traducción (significado)	Traducción (literal)
Éxodo 5:9	y *no presten oídos* a mentiras.	y *no vuelvan la cabeza* hacia mentiras.
Samuel II 22:42	*Buscan*, mas no hay salvador...	*Vuelven la cabeza*, mas no hay salvador...
Salmos 39:14	*Retira tu mirada* para que me reponga.	*Vuelve tu cabeza* para que me reponga.
Salmos 119:117	*Prestaré atención* a Tus preceptos por siempre.	*Volveré la cabeza* hacia Tus preceptos por siempre.
Job 7:19	¿Cuándo *retirarás tu mirada* de mí?	¿Cuándo *volverás tu cabeza* de mí?
Job 14:6	*Aparta de él tus ojos* para que quede libre.	*Vuelve tu cabeza* para que quede libre.
Isaías 6:10	Entorpece sus oídos y *haz que aparten* sus ojos.	Entorpece sus oídos y *haz que vuelvan con su cabeza* sus ojos.

Fuente	Traducción (significado)	Traducción (literal)
Isaías 17:7	*Volverá su vista* el hombre a su Hacedor.	*Volverá su cabeza* el hombre hacia su Hacedor.
Isaías 17:8	*No se volverá* hacia los altares.	*No volverá la cabeza* hacia los altares.
Isaías 22:4	Por tanto, dije: *aparten su vista* de mí.	Por tanto, dije: *vuelvan su cabeza* de mí.
Isaías 31:1	Mas *no se volvieron hacia* el Santo de Israel.	Mas *no volvieron la cabeza* hacia el Santo de Israel.
Isaías 32:3	*No se volverán* los ojos de los videntes.	*No volverán las cabezas* con los ojos de los videntes.
Isaías 41:23	*Nos volveremos* y miraremos juntos.	*Volveremos la cabeza* y miraremos juntos.

En todos los casos que aparecen en la tabla superior en *cursiva*, la raíz que se utiliza en la Biblia es **SH.'. H.** [.ה.ע.ש]. Para una traducción más rica y clara, se han utilizado palabras o frases distintas, según el contexto; mas puede también reemplazarse todo por la frase «volver la cabeza»,[6] y el sentido permanece en todos los casos, como podemos ver en la tercera columna de la tabla (si bien en castellano puede resultar una traducción forzada en ciertas ocasiones, dada la literalidad de la frase).

---

6. De hecho, éste es el significado que Rashi da a la raíz SH.'.H en el Génesis 4:4: «"Prestó atención {VaYSH'aH} [וישע] a Abel y su ofrenda"; VaYSH'aH significa se tornó hacia».

Más aún, según distintos lingüistas, la raíz se relaciona con la forma asiria Šeʿû, cuyo significado es girar la cabeza en busca de ayuda.[7]

A la luz de todo esto, deberíamos, entonces, replantear la comprensión del versículo en cuestión. No se trata ya de que Dios aceptara o considerara adecuada la ofrenda de Abel, mientras que no aceptó o no vio adecuada la ofrenda de Caín. Más bien podríamos entender que Dios «tornó Su rostro» (= «volvió Su cabeza») hacia Abel, pero no hizo lo mismo con Caín, lo cual no necesariamente significa preferencia.

También existe en la Biblia otra raíz verbal para expresar aún mejor el concepto de «tornar el rostro»: P.N.H [פ.נ.ה]. ¿Por qué el texto no utiliza esta raíz, más común, y prefiere la menos habitual SH.ʿ.H [ה.ע.ש]? La respuesta que puedo dar a esto es doble: por un lado, la forma P.N.H [פ.נ.ה] implica, en muchas instancias, el sentido de «preferir a alguien sobre otro», como en: «No os *tornéis* hacia los ídolos y no os hagáis dioses de fundición» (Lev. 19:4), «No os *tornéis* hacia los adivinos» (*id.*, vers. 31), «Me *tornaré* hacia ellos, los fructificaré y los multiplicaré» [en contraste con los otros pueblos] (Lev. 26:9) o «No Te *tornes* hacia sus ofrendas» (Núm. 16:15). Pero también se emplea este verbo para connotar la acción física general de dirigirse hacia una determinada dirección (ir hacia un lugar, irse de un lugar); por ejemplo: «*Tornaron* de allí los hombres y se dirigieron a Sodoma» (Gén. 18:22), «[...] mas si no es así, decídmelo y *tornaré* [= me iré] a derecha o a izquierda» (Gén. 24:49), «[...] mañana *tornaos* y viajad hacia el desierto por el camino del mar Rojo» (Núm. 14:25), o «Suficiente habéis rodeado este monte; *tornaos* [= dirigíos] hacia el norte» (Deut. 2:3).

La raíz SH.ʿ.H [ה.ע.ש], como hemos visto, implica dirigir la vista; pero también incluye la connotación de asistencia, de ayuda, que no se aplica a todos los casos que presentamos en la tabla que se ha mostrado. De las 13 apariciones del verbo que consignáramos, siete mantienen la

---

7. Ver Wilhelm Gesenius, «Hebräisches und Aramäisches Handwörterbuch über das Alte Testament», Leipzig, 1929, Verlag v. F. C. Vogel (17. Aufl.) → «עשה: assyrisch Šeʿû: nach etwas schauen, bes. nach Hilfe». También los comentarios de N. H. Tur-Sinai al diccionario de E. Ben Yehuda, en *Milón ha-lashón ha-ivrit [...]*, tomo 13, pág. 7341, art. SH.ʿ.H [שעה].: «*también en asirio aparece "SH.ʿ.W" (en lugar de SH.ʿ.H) en el sentido de búsqueda de ayuda*».

connotación de asistencia, mientras que las otras seis implican desviar la vista, apartar los ojos, dejar de mirar, dirigir la vista hacia otro lado.[8]

Cualquiera de estas acepciones posibles de la palabra podría, entonces, aplicarse a nuestro caso, pero en ninguno de ellos encontramos que la intención del texto sea marcar una preferencia hacia la ofrenda de Abel sobre la de Caín. Si éste hubiera sido el caso, la Torá podría haber empleado otros verbos que, sin duda (como mostramos), connotan preferencia o aceptación.[9], [10]

Pero entonces, ¿por qué Dios «dirige su vista» hacia la ofrenda de Abel? Aquí sólo podemos conjeturar algunas opciones, basándonos en lo que ya hemos desarrollado.

a. Dios «aparta su vista» de la ofrenda de Abel.

b. Dios «dirige su vista en busca de ayuda» hacia la ofrenda de Abel.

c. Dios «se asombra» por la ofrenda de Abel (de acuerdo con el significado en Isaías 29:9 citado al comienzo de esta sección).

d. Dios «dirige su vista» a la ofrenda para extender auxilio a Abel.

Al analizar estas cuatro posibilidades, vemos que hay dos (las opciones a y b) que resultan imposibles, ya sea por el contexto o por los principios teológicos de la Torá. La primera de ellas lo es por el contexto. No sería comprensible que el semblante de Caín decaiga porque «Dios apartó su vista de la ofrenda de Abel, mas no apartó su vista de la ofrenda de Caín». La segunda opción contradice las características de Dios presentadas en la Torá: Dios no busca ayuda, sino que es quien la ofrece.

Nos quedan, pues, las últimas dos opciones. Cualquiera de ambas sería plausible y podría ser motivo para el desengaño de Caín, ya que Dios ni se asombra ni extiende auxilio ni a Caín ni a su ofrenda (Gén. 4:5).

---

8. Los casos que implican la noción de asistencia son: Ex. 5:9, Sam. II 22:42, Isa. 17:7-17:8-31:1-41:23 y Sal. 119:117. Los que implican apartar la vista son: Isa. 6:10-22:4-32:3, Sal. 7:19, Job 7:19-14:6.

9. Me refiero a las raíces verbales que he consignado en las páginas anteriores: R.TZ.H [ר.צ.ה]. - H.F.TZ [ח.פ.צ] - '. R.V. [ע.ר.ב] y P.N.H [פ.נ.ה].

10. Anto Popović remarca: «Este verbo no describe en la Biblia hebraica ni la aceptación ni el rechazo de la ofrenda. El "ver / no ver" de Dios se refiere, en primer lugar, a quien presenta la ofrenda, y sólo en segundo lugar a la ofrenda en sí misma». (Popović, op. cit., pág. 36).

¿Por qué se asombraría Dios ante la ofrenda de Abel? ¿Por qué no ante la de Caín? Creo que la respuesta está en el análisis que hicimos sobre las personalidades de cada uno de ellos. Abel es quien no hace caso a la orden divina de ocuparse de la tierra; es él quien escoge una labor que no implica tener tan en cuenta la presencia y el poder de Dios en el éxito de la tarea. De Caín era esperable, dada su especial relación para con Dios, que pensara en ofrecer parte del producto (del éxito de la labor) a Quien se lo facilitó. Abel imita a Caín. ¡Pero este acto de imitación ya es asombroso! El texto nos invita a nosotros, como lectores, a que prestemos atención a este acto inesperado de Abel. Dios dirige su vista para hacernos mirar a nosotros.

El segundo significado también es plausible: Abel debe ser asistido, debe ser rescatado. Su ofrenda, si bien es una imitación del acto de entrega de Caín, implica matar a un animal, cercenar una vida creada por Dios. Y ésta es la primera vez que esto sucede. Abel es quien inaugura la acción de matar. Tan sólo por eso, desoyendo la orden de Dios de trabajar la tierra y matando a un animal, Abel debería recibir un castigo. Pero Dios opta por «rescatarlo». Dirige su vista hacia él para extenderle la salvación. En este sentido, podemos ver que la elección del verbo **SH.'. H.** [ש.ע.ה] conlleva un juego de sonidos, un juego de palabras con el verbo **Y.SH.'.** [י.ש.ע] = «salvar».[11]

---

11. Encontramos un juego de sonidos similar en otros dos ejemplos de los mencionados en la tabla superior: «Buscan [(ש.ע.ה.) YSH'W=וישעו], mas no hay salvador [(ע.ש.י.) MoSHiYa'=מושיע]». (Samuel II 22:42); «Ayúdame y seré salvado [(י.ש.ע.) 'iWaSHe'aH=אושעה] y prestaré atención [(ש.ע.ה.) 'eSH'aH=אשעה] a Tus preceptos por siempre» (Salmos 119:117).

IX

El desafío al ser humano

Pero ¿por qué salvar a Abel? ¿Por qué prestarle tan siquiera atención? Recordemos, en primer lugar, que en este relato hay tres protagonistas (además de Dios): Caín, Abel y el lector. El relato se dirige a nosotros, quienes lo leemos y quedamos impresionados e influidos por él. Incluso podríamos decir que todo lo que se narra en la Torá no tiene una intención histórica (es decir, relatar lo que sucedió), sino ejemplificadora. La función del texto es modificar al lector.

Abel es quien está en una situación de desventaja que él mismo ha creado. Sin embargo, Dios le da una nueva oportunidad. Pero no es gratuita. Abel la ganó al mostrar un atisbo de cambio. Si bien utilizó medios incorrectos (sacrificio animal, por ejemplo), comienza a develarse en él una intención de acercamiento a Dios, aunque tan sólo sea por imitación a su hermano. La acción de Abel es inesperada, pero abre una nueva instancia en su vida, y por eso Dios «torna Su rostro para salvar»: le permite una nueva oportunidad.[1]

---

1. Chaya Greenberg comenta que «es notable que el texto no resta importancia a la ofrenda de Caín, sino que sólo eleva la ofrenda de Abel describiéndola como "más selecta". Además, el texto afirma que Caín fue el iniciador de la ofrenda mientras que Abel (simplemente) siguió el ejemplo de su hermano. [...] El rechazo de Caín fue así totalmente inesperado; estaba furioso debido a la injusticia que percibió en el rechazo, pero también estaba deprimido debido a la reducción de su auto-

La acción de Abel sorprende también a su hermano, Caín. Pero mayor sorpresa aún le causa la reacción de Dios. Caín comprende que exista recompensa por un esfuerzo realizado. Caín sabe que, si se dirige por la senda que Dios le ha propuesto, entonces será aceptado por Él. Lo que no puede comprender es que Abel, quien estuvo en todo momento alejado de esa senda, reciba algún tipo de atención por parte de Dios. Caín se ofusca, no por celos, sino por decepción.

Y es entonces cuando Dios le lanza el desafío a Caín. Caín representa quizás al ser humano creativo, forjador, que avanza. La reacción de Dios para con Abel, el conformista y apático, debe transformarse en un desafío para Caín, que es quizás un desafío para todo ser humano.

> Dijo YHWH a Caín: «¿Por qué estás enojado? ¿Por qué estás carilargo? Ya que, si lo haces bien, te elevarás; pero si no lo haces bien, el error se arrastra a la puerta. Él te codiciará, mas tú lo dominarás».

Éste es uno de los pasajes más complicados de la Biblia. El texto original en hebreo plantea más incógnitas que respuestas. No cabe duda, de todas maneras, de que se trata de una propuesta que Dios le hace a Caín. Pero ¿qué clase de propuesta? ¿Acaso se trata de una proposición fatalista que encierra, al que yerra, en el foso del pecado sin retorno? ¿Tal vez es una amenaza? ¿Qué es lo que resalta de la frase? ¿Que Caín lo hizo bien y se elevó, o que Caín lo hizo mal y cayó en el error?

Diversas son las explicaciones (o los intentos de explicación) proporcionadas por los comentaristas de las distintas épocas. Onkelos y Pseudo Ionatán traducen la propuesta de Dios a Caín: «Si mejoras tus actos, tus transgresiones serán perdonadas; mas si no mejoras tus actos, tu pecado quedará conservado hasta el día del Juicio Final». Rashi, por su parte, entiende la advertencia como: «a las puertas de tu tumba está conservado el pecado». De manera similar lo explican Ibn Ezra y Toldot Itzjak. Rashbam da un interesante giro, comentando que no es el pecado (o el error) el que se arrastra, sino Caín: «Si te mejoras no ha-

estima». Ver Chaya Greenberg, «Cain and Abel: (Mis) Managing Rejection and Unmet Expectations», en *Jewish Bible Quarterly*, vol. 44, núm. 2, 2016, pág. 117.

ciendo más que unas pocas transgresiones, podrás soportar las transgresiones, que no te serán castigos pesados; pero si no te mejoras, te arrastrarás a las puertas de tu pecado [...] o sea que te arrastrarás bajo el pecado y la transgresión y no podrás levantarte y soportarlos».

Cassuto intenta dirimir el intrincado significado del texto, cuyas estructuras sintáctica y semántica son muy complicadas, y culmina resumiendo, tras un detallado desarrollo, con la siguiente traducción: «Suficiente es que mejores tus actos, entonces podrás erigirte firme; mas si no mejorares tus actos y comenzares a pecar, el pecado se te transformará en yaciente que intentará derribarte para que yazgas como él».[2]

Tur-Sinai, por su parte, reconstruye totalmente el versículo, sosteniendo que existen problemas de semántica, de división de letras en palabras y de metátesis. Así explica, comparando con otros versículos del Génesis, que las palabras TeYTYV S'eT [תיטיב שאת] («si lo haces bien») significan, en realidad «si tomas la primogenitura». Con respecto a los términos «el error se arrastra a la puerta», Tur-Sinai propone separar las letras del original hebreo de otra manera; en lugar de leer LaPeTaH HaT'aT RoVeTZ [לפתח חטאת רבץ], sugiere la lectura LiFToaH HiTa' TiRBaTZ [לפתוח חטא תרבץ]. Además, sostiene que en esta última palabra se produjo una metátesis múltiple, y que el término original habría sido TiTZBoR [תצבר], con lo que estas palabras, en definitivita, significarían «para abrir el comercio de trigo, acumularás». De esta manera, según este autor, «Si tomas la primogenitura o si no la tomas, acumularás trigo para comerciar, él [tu hermano Abel] te buscará y tú lo dominarás».[3]

Jaim Guilad[4] sostiene que la palabra S'eT [שאת], traducida generalmente en el sentido de «elevar», quiere decir, en realidad, «miedo» o «vergüenza». Esta definición se desprende de diversos versículos del libro de Job. Por otra parte, la palabra PeTaH [פתח], traducida como «apertura» («el error se arrastra a la puerta») es, de acuerdo con Guilad, un sinónimo de «campo recién labrado», lo que se deduce de versículos como

---

2. U. (M. D.) Cassuto, «Me-Adam ad Noaj», pág. 142.
3. Ver N. H.Tur-Sinai, «Ha-Lashon ve-Hasefer», Mosad Bialik, Jerusalén 5720 (1960), vol. 2, págs. 199-203.
4. *Op. cit.*, págs. 19-22.

Oseas 2:16 o Isaías 3:26, así como del hebreo de la Mishná. La continuación del versículo sufrió una deformación por una duplografía (repetición de una letra) inicial: la versión con la que contamos, LaPeTaH HaT'aT RoVeTS [לפתח חטאת רבץ], debería ser en su origen LaPeTaH 'aTaH RoVeTS [לפתח אתה רבץ] {«al campo recién labrado tú te encuentras apegado»}. Con esto, siguiendo a Guilad, Dios le dice a Caín que su destino, como agricultor, es mejor que el de su hermano, ya que Caín está apegado a la fuente de alimentos y Abel siempre necesitará de él («él [Abel] te codiciará; mas tú lo dominarás»).

Tratemos de librarnos, por un instante, de las opiniones ya formadas de los comentaristas (tanto los clásicos como los modernos) y busquemos dentro del texto en sí mismo alguna guía para la comprensión.

Comencemos por la pregunta de apertura. A través de ella, Dios le propone a Caín dejar de lado su enojo y su ofuscación. No hay motivo para estar carilargo, pues «si lo haces bien, te elevarás, etc.». La pregunta tiene, quizás, como función llamar la atención del interlocutor, despertar de nuevo la interacción, la apertura a escuchar.

Nuestro gran problema, en realidad, reside en la siguiente frase, aquella en la que Dios le plantea a Caín el desafío: «Si lo haces bien, te elevarás; pero si no lo haces bien, el error se arrastra a la puerta». Esta frase es aparentemente fatalista. Tienes dos posibilidades: o bien te elevas, o bien caes en el error que acecha a tus puertas. Pero leyéndola con más cuidado, descubrimos que es una frase de consuelo y hasta de estímulo, ya que le dice a Caín que él podrá dominar ese error, a pesar de que éste lo perseguirá, lo codiciará. En otras palabras, lo que dice Dios es que si Caín hace las cosas bien, entonces la consecuencia será positiva («te elevarás»), pero si no lo hace bien, de todas formas siempre queda la posibilidad de mejorar («Él te codiciará, mas tú lo dominarás»). Por ello, no tiene sentido el enojo, ya que aun en el fracaso queda la posibilidad de rehacer.[5]

---

5. Chaya Greenberg escribe: «Dios le da poder a Caín para reafirmar su fe tanto en la posibilidad de un mundo justo como en su propia capacidad de ser dueño de sus emociones y comportamientos. Esto lo hace por medio de nada menos que una promesa divina: "Seguramente, si haces lo correcto, hay elevación" (Gen. 4: 7). Dios afirma de manera simultánea tanto la relación entre el bien y el compor-

Pero no termina aquí el problema. La formulación de esta oración, en su original hebreo, presenta complicaciones de diversa índole. Por un lado, el texto podría haber utilizado el término H̱eT' [חטא], que es masculino, para describir el error o la falta; sin embargo, prefiere la forma femenina H̱aTa'T [חטאת], si bien el verbo que la modifica («se arrastra», RoVeTZ [רבץ]) ¡se declina en su forma masculina! Esta falta de congruencia continúa en el resto de la frase, en la que se habla siempre de forma masculina («él te codiciará, mas tú lo dominarás»), refiriéndose aún a H̱aTa'T [חטאת] («error», «falta»). Saadiá Gaón indica que hay siete versículos en la Biblia que mezclan el masculino y el femenino, entre los cuales está Éxodo 39:9, Jeremías 48:19 y Ezequiel 17:7.[6] Quizás podamos aventurar, aunque sin más base que la mera opinión, que la insistencia en la declinación masculina de los verbos (pese al sustantivo femenino H̱aTa'T [חטאת]) tiene como meta diferenciar esta frase de otra similar con la que Dios sentencia a Eva: «A tu hombre codiciarás {desearás}, mas él te dominará». Si los verbos estuvieran declinados en forma femenina, se podría inferir que la mujer es el pecado que codicia al hombre y que el hombre habrá de dominar. Al forzar el masculino en vez del femenino se rompe esa inferencia. La elección del sustantivo femenino H̱aTa'T [תטאת] en lugar de su equivalente masculino H̱eT' [חטא] podría responder a dos posibilidades: una es, quizás, la necesidad de llamar la atención del lector sobre la declinación de los verbos. Es decir, que sería un giro literario para forzar la atención y romper la inferencia mujer = pecado.

Otra sería la diferencia de acepción de los dos términos. Las palabras H̱aTa'T [חטאת] y H̱eT' [חטא] son, en apariencia, dos formas equivalentes del sustantivo derivado de la raíz H̱T' [ח.ט.א.], cuyo significado es «error», «falta». Con este sentido, la palabra H̱aTa'T [חטאת] aparece 125 veces en la Biblia, mientras que H̱eT' [חטא] sólo 33. Los contextos en los que aparecen podrían dar a entender una sutil diferencia entre ambos términos: H̱aTa'T [חטאת] haría referencia a una con-

---

tamiento moral, la elevación y la recompensa, así como la capacidad de Caín para hacer el bien», ver Ch. Greenberg, *op. cit.* pág. 118.

6. Ver Moshe Zucker (ed.), «Saadya's Commentary on Genesis», Jewish Theological Seminary of America, Nueva York, 1984, págs. 310-311.

creta y puntual acción errónea (por acción u omisión), mientras que HeT' [חטא] sería más bien un estado de la persona que erró o transgredió, y que, debido a ese estado, producto de acciones reiteradas, está condenado a muerte ya sea a manos humanas o por decisión divina. A Caín, entonces, se le opone una acción negativa, más no un estado permanente cuya implicación es la muerte.[7] Dios le estaría diciendo a Caín que lo que se encuentra permanentemente a las puertas es la acción errónea, la transgresión puntual, mas no un estado pecaminoso, no una condena a la perdición.

Sin embargo, pese a que han sido diversas las propuestas de solución a este problema, la incógnita aún persiste.[8]

De distinta naturaleza es el problema de la puntuación correcta de la frase, ya que de ello depende su significado. El original hebreo se ha traducido de diversas maneras, pero sobre todo manteniendo la diferencia entre los dos miembros de la frase condicional y sus sendas consecuencias:

    a. Si lo haces bien → te elevarás.

    b. Si no lo haces bien → el error se arrastra a la puerta, él te codiciará, etc.

Sin embargo, hay otra forma de dividir la frase. Según la puntuación transmitida por la Masorá,[9] la primera proposición con su consecuencia en conjunto (Si lo haces bien te elevarás) tiene el mismo peso en la frase que la segunda proposición *sin* la consecuencia (si no lo haces bien). La porción «el error se arrastra a la puerta» pasaría a ser compartida, entonces, por los dos enunciados condicionales. Ambos están dominados por el signo diacrítico *zaqef,* mientras que la conclusión está

---

7. Para un análisis más detallado de esta teoría que propongo sobre el significado de estos términos, *véase* el Anexo II.

8. Victor Hamilton, *op. cit.,* sostiene que hay sustantivos con forma femenina que en hebreo bíblico se usan como si fueran masculinos. Da como ejemplo paradigmático el nombre QoHeLeT, de forma femenina, pero al que se le adjunta un verbo de forma masculina. El autor menciona como referencia a la gramática hebrea de Gesenius, según la edición de Kautzsch-Cowley. Ver V. Hamilton, *op. cit.,* pág. 227.

9. *Véase* Glosario.

marcada por el signo *etnaḥta*, que, a su vez, cierra el primer miembro de la oración. Sería algo así como: «Si lo haces bien te elevarás, y si no lo haces bien» {en ambos casos} el error, etc.[10]

En este caso, sin embargo, debemos apelar a otra traducción posible de las palabras de esta parte de la oración. El término TeYTYV [תיטיב] (declinación en la forma verbal *hif'il* de la raíz TOV [טוב]) significa «haces algo bien» pero antes de un infinitivo, su significado es «lograr», «acertar», «hacer acertadamente». Ejemplos de ello los encontramos en: Jeremías 1:12 «Has visto acertadamente», Samuel I 16:17 «Buscadme quien sepa tocar [un instrumento musical] acertadamente», Reyes II 10:30 «Por cuanto has logrado hacer lo correcto a Mis ojos».[11]

Nos queda por comprender el significado del verbo S'eT [שאת]. Esta es la forma básica en infinitivo de la raíz NS' [נשא], cuyo significado es «elevar», pero también «cargar», «soportar», «tomar», e incluso «aceptar».[12]

Con todo lo que hemos aclarado en los párrafos anteriores, podemos comprender que la frase que Dios le dice a Caín es, en realidad, una explicación de la vida con una invitación a la superación personal:

---

10. Esta posibilidad de división de la frase también fue propuesta por Malbim (Meir Leib ben Iejiel Mijael – Polonia 1809-1879) en su comentario «Ha-Torá ve-ha-Mitzvá» sobre el Génesis (4:7). Si bien sus conclusiones son distintas a las nuestras, Malbim da como una de las formas de lectura del versículo en cuestión la de dos condicionales con una conclusión compartida: «Le reveló que Dios no quiere una ofrenda, sino que "la obediencia es mejor que el sacrificio"» (Samuel I 15:22). Lo principal es que mejores tus acciones, mas no perfeccionar el obsequio y la ofrenda. Lo que mejores en el obsequio {MaS'eT [משאת], cercano a S'eT [שאת], ambos derivados de NS' [נשא] – I.K.} no será aceptable ante Sus ojos, pues tanto *si mejoras la elevación* {S'eT [שאת]} (es decir, entregar el obsequio {MaS'eT [משאת]} y la ofrenda)», como *si no mejoras* el obsequio», no tiene importancia, ya que *el error yace en la puerta*.

    También Oppenheimer (*op. cit.*) plantea una división similar al sostener que la intención de las palabras de Dios es: «Caín, no entristezcas, pues de seguro es que ya sea si logras elevar una ofrenda o bien si no lo logras, no podrás rehuir a tu sino: luchar y sobreponerte al pecado que te acecha constantemente». Ver B. Oppenheimer, *op. cit.*, págs. 60-61.

11. Ver Avraham Even-Shoshan: «Hamilón he-Hadash» (ed. de 3 tomos), vol. I, pág. 448c, Kiriat Sefer, Jerusalén, 1983.

12. Ver Even Shoshán, *op. cit.*, vol. II, pág. 882b.

Dijo YHWH a Caín: «¿Por qué estás enojado? ¿Por qué estás carilargo? Tanto si logras aceptarlo {soportarlo} como si no lo logras, el acto erróneo yace a la puerta. Él te codiciará, mas tú lo dominarás».13

Según esta lectura, lo que Dios le dice a Caín es que más allá de los éxitos o de los fracasos, de los aciertos o de los errores, la acción incorrecta, la posibilidad de fallar está siempre a las puertas. Sólo que él, Caín, tendrá permanentemente la posibilidad de dominarla.

Bajo esta nueva luz, pues, el enojo de Caín, su ofuscación y decepción deben ceder ante la explicación: no se trata de una comparación entre Caín y Abel. No se trata de que la ofrenda de Abel sea *mejor* que la de Caín. Ambas acciones son juzgadas por Dios de forma independiente. Abel recibe atención porque es la primera vez que realiza un acto en el que tiene en cuenta a Dios. Más allá de que, en realidad, Abel hubiera imitado la acción de Caín, de todas maneras, esa acción es juzgada no en comparación con Caín, sino con Abel mismo. El peso específico de un acto determinado no está dado por su observación objetiva, sino por la relación subjetiva del actor con el acto. La misma acción realizada por dos personas distintas tendrá distinto valor al tener en cuenta la historia personal y los procesos internos de ambos individuos. Por ello, la misma ofrenda de Abel tendrá mayor peso que la de Caín, no porque Caín sea peor, sino porque, paradójicamente, está en mejor situación. De él, pues, entonces Dios exige algo distinto.

Esta vez le dice Dios a Caín: no has tenido éxito. No busques juzgar tu acto a la luz de los resultados de Abel, ya que los tuyos y los de él no son resultados relacionados, aunque la acción externa sea similar. No te compares con el otro, sino contigo mismo. Tú puedes siempre mejorar, tú puedes siempre terminar dominando el actuar negativo, la acción errónea, aun cuando ésta te esté siempre acechando.

El error de Caín, en este caso, es el que le produce el enojo: su error es suponer que su ofrenda no había sido aceptada porque sí lo fue la de Abel. El error en el que cayó Caín es el de la comparación, el de la in-

---

13. Una puntuación similar de la frase aparece en Sifré, sección Reé, núm. 54: «Si logras elevar {'iM TeYTYV S'eT} [אם תיטיב שאת] tendrás bendición; y si no logras elevar {Ve'iM Lo' TeYTYV S'eT} [ואת לא תיטיב שאת] tendrás maldición».

ferencia desde dos preposiciones no relacionadas. Podríamos, quizás, argumentar que el error de Caín es haber caído en una falacia, creerla como verdadera y enojarse por ello.

Pero no sólo Caín cayó en ese error. Nosotros, los lectores, también lo hemos hecho. Nosotros relacionamos una ofrenda con la otra y concluimos que Abel es mejor que Caín porque se prefiere su ofrenda a la de su hermano. Y justo después relacionamos que Caín mata a Abel *como consecuencia* de los sentimientos desatados por la preferencia de Dios.

Pero no parece que fuera así si leemos con más cuidado el relato.

X

Caín mata a Abel

El versículo 8, el que habla del homicidio, presenta tres problemas básicos. Leamos de nuevo el texto:

Díjole Caín a su hermano Abel; y cuando estaban en el campo se abalanzó Caín sobre su hermano Abel y lo mató [VaYaHarGueHW - ויהרגהו].

Las preguntas que surgen a partir de estas palabras son las siguientes:

1. ¿Por qué el versículo aparece truncado? No sabemos qué es lo que Caín le dijo a Abel, sino que directamente se pasa a la acción que parece ser el centro de todo el relato: el homicidio.
2. Este versículo ¿es consecuencia directa del anterior? ¿Existe una causalidad, es decir, que el asesinato hubiera sido causado por lo que se ha relatado?
3. ¿Sabía, acaso, Caín qué es lo que le pasaría a su hermano si él lo atacaba como lo hizo? En otras palabras, ¿sabía Caín qué era matar y cómo hacerlo? ¿Acaso conocía Caín la muerte?

Con respecto al primer problema, no existe una sola solución posible. La mayoría de los exégetas, ya sean clásicos o partidarios de la crítica bíblica, sostienen que aquí falta algo que debe ser completado. Sólo que proponen diversas opciones de complemento. Hay quien sostiene que Caín buscó la manera de pelear con Abel como justificación para matarlo,[1] mientras que otros optan por sostener que Caín simplemente invitó a su hermano Abel a salir para poder matarlo en el campo.[2]

Cualquier propuesta expuesta no es más que una suposición, ya que el texto original (si es que existió) se perdió para siempre. Hay dos opciones, sin embargo, que considero preferibles. Mi preferencia se apoya en el desarrollo que hice en esta exposición, según el cual Caín no es malvado de nacimiento, ni tiene, necesariamente, animadversión contra Abel. Por lo tanto, las opciones que proponen que Caín buscó la manera de atraer a Abel a un lugar apartado o que intentó comenzar una reyerta para justificar el asesinato no me parecen tan plausibles como las otras dos interpretaciones que expongo a continuación.

Una de ellas es la de Abraham Ibn Ezra. Este exégeta sostiene que la frase «Díjole Caín a su hermano Abel» no está truncada, sino que se refiere al versículo anterior. Es decir, que Caín le comentó a su hermano todo lo que Dios le dijo antes.[3] Según esta explicación, la división de versículos debería ser un tanto distinta:

[...] el acto erróneo yace a la puerta. Él te codiciará, mas tú lo dominarás».
Y díjoselo Caín a su hermano Abel. Sucedió que cuando estaban en el campo se abalanzó Caín sobre su hermano Abel y lo mató.

Según esta lectura, el asesinato, entonces, no está necesariamente relacionado con el sacrificio rechazado. Esta posibilidad está reforzada por la forma de apertura de la frase que habla del homicidio: «Sucedió que cuando estaban...» (otra traducción posible es: «Fue al estar...»), indicando que son dos eventos independientes.

La otra de las opciones sobre la que quiero llamar la atención es la que proponen algunos *midrashim*. Estos relatos consideran que el versículo está truncado, que falta qué es lo que Caín le dijo a Abel. Al tratar de completar el espacio en blanco, algunos crean diversas histo-

---

1. Ver los comentarios de Rashi y Radak de este versículo.
2. Ver la traducción de la Septuaginta o los comentarios de este versículo de Najmánides y Bejor Shor.
3. Ibn Ezra, Génesis 4:8.

rias sobre el tema de la conversación, el desarrollo de una discusión a raíz de ese tema y el trágico desenlace que se produce *como consecuencia* de esa reyerta. En uno de los casos, por ejemplo, se nos habla de que Caín y Abel se repartieron el mundo, y la discusión se inicia porque Caín usa elementos que Abel considera propios y viceversa.[4] Otro caso planteado es que ambos sostenían que el Templo se construiría en su respectivo territorio, y a partir de allí se pelearon y Caín mató a su hermano. Una tercera posibilidad que se nos sugiere en esta serie de *midrashim* es que discutieran por las mujeres.[5] Los Sabios redactores de estos relatos, sin duda, entendieron que ese primer homicidio no fue a causa de los celos, sino más bien por motivos que, a fin de cuentas, son los mismos en los que se enraízan los conflictos armados de todas las épocas: economía [= territorio y bienes], religión y sexo.

Vemos también aquí que el sacrificio no fue ni el motivo ni el desencadenante de la reacción de Caín. La exégesis de Ibn Ezra y de los *midrashim* nos hacen pensar en dos situaciones, dos anécdotas distintas en la vida de estos hermanos y, en especial, en lo que respecta al carácter de Caín y sus reacciones.

Todo esto nos lleva a la respuesta del segundo interrogante que planteábamos antes, es decir, de si existe una causalidad, si el asesinato es consecuencia de lo que ya se ha relatado. Por lo visto, antes podíamos conjeturar que Caín no mató a Abel por celos a causa del sacrificio no aceptado.

Podemos también inferir que Caín se encuentra frente al desafío que Dios le lanzó en el versículo anterior: «[...] el acto erróneo yace a la puerta. Él te codiciará, mas tú lo dominarás». Tras ponerlo a prueba, Caín fracasa a la hora de dominar la acción errónea. Arremete sin pensar, se deja dominar por el impulso... Y mata. Es un acto sorpresivo, aparece inesperadamente en el texto y sorprende al lector. Caín no prepara el asesinato; al menos el texto no nos previene sobre elucubraciones previas: Caín habla a su hermano... y lo mata. Quizás esto lo sor-

---

4. *Véase* el capítulo II.

5. Bereshit Raba 22:7 (en Shmot Raba 31:17 hay una versión distinta que se encuentra también en Tanjuma Mishpatim 13), Ialkut Shimoni Gén. 38.

prendió tanto a él como a nosotros como lectores.[6] Nisan Ararat, en un estudio psicológico-textual sobre Caín, sostiene que el asesinato fue un accidente que se produjo durante una reyerta entre hermanos y no como consecuencia directa del rechazo del sacrificio de Caín:

> Estaban peleando uno con otro, como hermanos, sin duda, a causa del sentimiento de inferioridad que Caín sentía con respecto a su hermano Abel por el tema de la ofrenda, cuando de repente, sin previa intención, se encontró Caín a sí mismo hiriendo mortalmente a su hermano Abel.[7]

Los *midrashim* que hemos traído a colación nos permiten entender mejor esta dimensión del relato. Caín sucumbe a la ira, quizás a la indignación, frente a una reyerta con su hermano por motivos muy básicos. Quienes crearon esos relatos comprendieron que Caín no se vengó por la frustración pasada, sino que fue dominado por la irritación del momento. Ése es el fracaso de Caín. O, por lo menos, su primer fracaso, pues veremos que a él se le agrega otro más: el fracaso en la toma de responsabilidad cuando culpa a Dios de la muerte de Abel: «*¿Acaso soy yo el guardián de mi hermano?*» (Gén. 4:9).

Nos queda por dar respuesta al tercer interrogante que planteábamos. ¿Acaso sabía Caín qué es matar y cómo hacerlo? ¿Podríamos decir que la acción fue premeditada? ¿Hemos de hablar de asesinato o de homicidio preterintencional? ¿O quizás tan sólo (y ya es bastante) de homicidio culposo? ¿Podríamos, acaso, argüir que la muerte de Abel no fue ni planeada ni querida, entre otras cosas porque Caín no podía saber que con esa acción su hermano podía morir?

---

6. Jens De Vleminck, haciendo referencia a un texto de L. Szondi sobre Caín, dice: «El asesinato sobreviene precisamente en medio de la historia y se desarrolla en un solo versículo elíptico. [...] El crimen mortal de Caín sorprende, efectivamente, al lector como un rayo en día despejado». Ver Jens De Vleminck, «Caïn et Abel, fils prodigues de la psychanalyse?», *L'Evolution Psychiatrique*. 76, núm. 2 (2011), pág. 310.

7. Nisan Ararat, «Demutó shel Kain – nituaj psijologui textuali» [La figura de Caín – un análisis psicológico-textual (en hebreo)], *Bet Mikra* 101 (1985), págs. 316-317.

Es difícil, por supuesto, responder a todos estos interrogantes, pues nos faltan datos concretos para tomar una decisión. Sin embargo, existen ciertos elementos que nos permiten realizar conjeturas.

En primer lugar, ésta es la primera vez que alguien muere. Podríamos, por lo tanto, presuponer que Caín no tenía conciencia de que la muerte podría sobrevenir. Aunque supongamos que aquellos primeros seres humanos tenían conocimiento del concepto de muerte, no necesariamente sabría Caín que su acción acarrearía ese desenlace.

Varios comentaristas clásicos han hecho hincapié en ello. En Bereshit Rabá (22:12), por ejemplo, dice Rabí Nejemiá: «La sentencia de Caín no es como la de los asesinos, ya que Caín mató; pero no pudo aprender esto de nadie». De manera similar aparece en el *Midrash Tanjuma* (Bereshit núm. 9): «Caín le dijo a Dios: "Señor del Mundo, no conocí ni jamás vi un muerto en mi vida. ¿Cómo podría yo saber que si le golpeaba con una roca él iba a morir?"». Exégetas posteriores, como Saadiá Gaón y Rabi David Kimhi se expresan de manera similar.[8]

Ahora bien, ante esto se podría aducir que él vio a Abel sacrificando al animal para la ofrenda, por lo que podría haber concluido que existe una manera de matar. Pero podríamos argumentar lo contrario, sosteniendo que no necesariamente lo que es válido para los animales habría de serlo también para los seres humanos, dado que entre estos últimos y aquellos hay diferencias que ya Dios establece en su bendición a Adán y Eva: la conquista de la tierra y el dominio sobre los animales.

De todas maneras, y siguiendo nuestra manera de analizar el relato, debemos tener en cuenta la sintaxis de la frase y su consecuencia semántica.

Por un lado, el verbo «matar», H.R.G. [הרג] aparece en el texto bíblico siempre con el significado de acción intencionada,[9] ya sea homi-

---

8. Ver Menajem Mendel Kasher, «Torá Shlemá», Jerusalén, 5696 (1936), tomo II, pág 226, nota 100.
9. Gordon J. Wenham, por ejemplo, sostiene que esta raíz se utiliza para indicar una violencia despiadada llevada a cabo por personas particulares (*op. cit.*, pág. 106). Samuel Loewenstamm, sostiene que el verbo no deja lugar a dudas de que Caín actuó con premeditación y alevosía (*Entziklopedia Mikrait*, vol. VII, Mosad Bialik, Jerusalén, 1976, lema *Kain ve-Hevel*, col. 121).

cidio, ejecución o matanza de animales.[10] El verbo «asesinar», R.TZ.H [רצח], también aparece como una acción intencionada, pero hay algunas ocasiones en las que el homicida culposo (es decir, aquel que mata por accidente) es denominado RoTZeaH [רוצח] {asesino}, y su acción, R.TZ.H [רצח].[11]

Pero más allá del alcance semántico de H.R.G., la forma sintáctica «se abalanzó sobre», Q.W.M. 'eL [קום אל] (o su equivalente 'aL [על]), aparece 25 veces en el texto bíblico, siempre con el significado de acción intencionada de perjudicar al otro y, en especial, de matarlo.

Es decir que, por un lado, podríamos suponer que Caín no sabía lo que era matar. Pero, por otro, el texto nos fuerza a considerar que Caín sí tenía una intención hostil hacia su hermano y hacia esta conclusión, pues hemos de inclinarnos. Empero, dado que el castigo que recibe Caín por parte de Dios no equivale a la gravedad de la acción (*cf.* la frase «el que mate a Caín será vengado siete veces», de la que se desprende que el asesinato se paga con la muerte), hemos de pensar que la intención de Caín, si bien era hostil hacia su hermano, no incluía querer matarlo. Es decir, que no hubo intención previa de asesinato, sino que la consecuencia fue más grave de lo planeado. De ahí que el homicidio pueda ser calificado de «preterintencional».

Resumiendo este capítulo, diremos que el versículo que habla sobre el homicidio no se presenta como consecuencia de los versículos anteriores, sino que relata otra acción dentro del hilo de la narración. Esta narración que nos presenta en diversas pinceladas las características de Caín: es fiel al mandato divino de trabajar la tierra, está pendiente de la gracia que Dios pueda otorgar a sus campos, es agradecido ante Dios, se ofusca rápidamente, su ira lo domina y las consecuencias que esto acarrea son más graves de lo que pensaba, incluido el homicidio.

---

10. Como ejecución o matanza sin acto de ofrenda sacrificial. Para la acción de matar para sacrificio o para consumo de carne, se utiliza SH.H.T [שחט] («degollar»).

11. En el caso del homicidio por accidente, el homicida puede escapar a la ciudad de refugio. En todos los casos en los que se menciona, la raíz utilizada es R.TZ.H (núm. 35:11, 25-28; Deut. 4:42; 19:4, 6; Jos. 20:5-6).

XI

La reacción ante el asesinato

El diálogo entre Dios y Caín tras el homicidio nos centra en un nuevo fracaso de Caín al responder al desafío que, en los versículos anteriores,[1] le había planteado Dios.

El comienzo es enigmático, dado que Dios plantea una pregunta como si no supiera lo que sucedió. Pero esta suposición se contradice con la teología bíblica, que sostiene que Dios es Omnisapiente, por lo que nada se escapa a Su conocimiento. En ese caso, ¿por qué pregunta? La pregunta no tiene aquí una función informativa, sino que intenta despertar en Caín la necesidad de responder por sus acciones: «Yo sé qué fue de tu hermano, mas debes decírmelo tú».

Es aquí, en esta prueba, donde Caín vuelve a fracasar. No atina a asumir su responsabilidad. No intenta dar una explicación de lo sucedido, ni pedir ayuda para corregir la acción negativa ni clamar perdón. Ni tan siquiera asume una mínima culpa. Sólo culpa al exterior... y, en especial, a Dios: «No lo sé. ¿Soy *yo* el guardián de mi hermano?» (esto también podría leerse exegéticamente como: «No sabía que yo fuera el guardián de mi hermano»), como si Caín le estuviera diciendo a Dios: «¿Dónde has estado Tú? ¿Por qué no me has detenido antes de hacer lo que hice? No soy yo el responsable ¡Lo eres Tú!».

---

1. *Véase* capítulo IX.

Esta reacción es la misma que tuvieron sus padres al ser interpelados por Dios. Adán no se hizo responsable de haber comido del fruto prohibido. Para él, la responsabilidad era de Eva y de Dios («La mujer que Tú me diste, ella fue la que me dio del árbol y yo comí»). Eva, por su parte, acusa a la serpiente («la serpiente me incitó y yo comí»). De nuevo, encontramos al ser humano desentendiéndose de cualquier culpa o responsabilidad.

Ése es el error más grave: no reconocer la acción negativa y destructiva, la culpa, impide corregir y ascender en la escala moral. Impide lograr la conclusión del desafío de Dios: «*Él te codiciará, mas tú lo dominarás*».

Ante la respuesta de Caín, Dios lo enfrenta a los hechos de la forma más cruda. «No puedes ocultar lo que has hecho, porque tu acción clama desde la tierra, influye sobre toda la tierra, pervierte toda relación con la tierra».

Esta respuesta no está exenta de problemas lingüísticos, ya que la palabra QoL [קול] = «voz», con la que se inicia esta respuesta, está en singular, mientras que el verbo TZo'aQiYM [צעקים] = «gritan», está en plural. Literalmente, el versículo dice: «La voz de las sangres de tu hermano claman a Mí desde la tierra». La verdad es que el verbo no se refiere a la palabra QoL [קול], sino a DMeY [דמי] = «sangres».[2] En este contexto, la palabra QoL no debe traducirse como «voz», sino como «¡atención!».[3] Esta interpretación de la palabra se ve reforzada por la tradición transmitida por la Masorá, ya que según la puntuación expresada por los signos de canto (*taamé hamiqrá*), la palabra QoL está dominada por el signo *ietiv*, cuya función es de separación de las palabras.[4] Es decir, que no podríamos afirmar: «La voz de las sangres», ya que el *ietiv* interrumpe la continuidad, separando entre QoL («voz») y DmeY («sangres»).

También la palabra DMeY [דמי] = «sangres» requiere nuestra atención. ¿Por qué el plural? La respuesta, en este caso, parece ser más sim-

---

2. Ver la exégesis de Abraham Ibn Ezra en Gén. 4:10.
3. Gordon J. Wenham, *op. cit.*, pág. 107, ver también la exégesis de R. Shimshon Rafael Hirsch en Gén. 4:10.
4. Ver R. Shimshon Rafael Hirsch, *idem*.

ple. El singular (DaM [דם]) aparece en la Biblia con el significado de la sangre como elemento, como líquido. En ciertas ocasiones se utiliza también en el contexto de «derramamiento de sangre» o de «redentor {vengador} de la sangre», es decir, relacionada con homicidio. La forma plural aparece 66 veces en toda la Biblia. En todas ellas, el alcance semántico es el de sangre derramada o que fluye profusamente, sobre todo a causa de una herida, si bien hay veces en que aparece como sangre menstrual. Es más, en muchas de las apariciones de la palabra en plural, es tan sólo sinónimo de asesinato o de homicidio.[5] Queda claro, pues, que el plural de nuestro caso está íntimamente relacionado con el homicidio. Por lo profuso de la sangre, por la cantidad con la que fluye de una herida mortal, el hebreo prefiere la forma plural para indicar la cantidad.

Así pues, he preferido traducir el versículo de la siguiente manera: «¿Qué has hecho? ¡Atención! ¡La profusión de sangre de tu hermano clama a Mí desde la tierra!».

Caín intenta desentenderse de toda responsabilidad, cayendo en el error de sus padres. Adán y Eva fueron expulsados del Jardín del Edén para trabajar la tierra. ¿Qué castigo aleccionador le corresponderá a Caín? También la expulsión. Pero ¿de dónde? Dios le deniega aquello a lo que Caín dedicó sus esfuerzos: el trabajo de la tierra. De allí es expulsado y, por ello, Caín exclama con desesperación: «¡El castigo por mi culpa es grande como para cargarlo! Me has expulsado hoy de la faz de la tierra».

Sin embargo, el castigo impuesto por Dios es no tanto una penalidad, sino, más bien, una consecuencia de la acción de Caín. La tierra ha acogido el producto negativo de la acción de este ser humano y la relación entre ambos se ha roto: «Tú estás ahora más maldito que la tierra que abrió su boca para tomar de tu mano la profusión de sangre de tu

---

5. Los lugares en los que el plural de DaM (DaMiYM o DMeY) aparece con el significado de «flujo de sangre menstrual» son cuatro: Levítico 12:4,5,7 y 20:18. En otras dos ocasiones implica el profuso flujo de sangre de una herida con peligro de muerte, aunque no se refiere directamente a homicidio: Éxodo 4:25-26. En todos los otros casos (60), el significado es el de muerte, derramamiento de sangre, ya sea con premeditación, con alevosía o accidentalmente.

hermano». El rabino Shimshon Rafael Hirsch conecta la palabra 'aRWR [ארור] {maldito} con el significado de «aislado»: «Una persona bendita está conectada a todo, todo fluye hacia él en armonía para su beneficio y éxito. Pero el maldito ['aRWR - ארור] está sumido en el asilamiento y está desconectado de toda fuente de éxito y crecimiento».[6] Podríamos decir que el término hebreo 'aRWR [ארור] = «maldito» se utiliza sobre todo para indicar una ruptura en la relación, una disrupción en un plano antes homogéneo. Esta palabra indica una fractura en el equilibrio que existía entre dos partes. La serpiente es 'aRWR [ארור] {maldita} después de haber incitado a la mujer a comer del fruto prohibido, y la relación entre ambas se rompe, se desequilibra: «Pondré enemistad entre tú y la mujer, entre tu descendencia y la de ella». La tierra queda 'aRWRaH [ארורה] {maldita} después de que Adán comiera del fruto vedado, y la relación del hombre con la tierra queda perjudicada: «Con penurias comerás de ella todos los días de tu vida. Espinos y centauras te producirá y comerás la hierba del campo». Y ahora Caín queda aún más 'aRWR [ארור] que la tierra, y la relación entre ambos se desequilibra casi por completo: «Cuando trabajes la tierra, ya no te dará su fuerza. ¡Serás nómada y errante en la tierra!».

Caín no siente que esto sea una consecuencia de su acción, sino un castigo que le resulta muy difícil de llevar. Para él todo ha terminado. No existe ninguna posibilidad de salida, de rehabilitación. Exclama, entonces: «¡El castigo por mi culpa es grande como para cargarlo! Me has expulsado hoy de la faz de la tierra y me ocultaré de Tu presencia. Seré nómada y errante en la tierra, mas cualquiera que me encuentre me matará». Caín exagera el alcance de su situación que, sin duda, es grave ya de por sí. Pero él agrega a la sentencia de Dios su propia interpretación de perdición: es expulsado de la faz de la Tierra, y cualquiera que lo encuentre podrá matarlo. Pero ¡no es eso lo que Dios dijo! No fue expulsado de la Tierra, aunque se quebró la armonía anterior. Dios no le cerró todas las puertas, ya que siempre existe la posibilidad de la reconstrucción, de la modificación. En *Bereshit Raba* (22:12), Rabi Ḥanín sostiene que la marca que Dios le hizo es una señal para todos los que se arrepienten, dando a entender que Caín no se mantuvo en una

---

6. R. Shimshon Rafael Hirsch, comentarios al Libro de Génesis 4:11.

malvada rebeldía, sino que se arrepintió plenamente = [*Baal teshuvá*]. Aún queda en pie el desafío original que Dios le lanzó. De sus fracasos, Caín tendrá que recuperarse, si es lo que quiere. Por ello, Dios lo tranquiliza marcándole una señal que impida que sea víctima del abandono.

La relación con Dios también se ha quebrado. Caín faltó a su responsabilidad, no se hizo cargo de sus acciones y prefirió echarle la culpa a Dios. A partir de aquí ya no escuchamos más el diálogo de Dios con Caín. Éste siente que habrá de ocultarse de la presencia divina como consecuencia de su respuesta. Pero Dios le da a entender que no quedó desprotegido: la marca es una señal de protección. En Caín existe la posibilidad de la reconstrucción, del mejoramiento, del cambio positivo.

XII

Caín el constructor

A partir de los siguientes versículos, encontramos a Caín como un personaje que no se rinde al infortunio. Parece ser que toma en sus manos, en definitiva, el desafío lanzado por Dios y se sobrepone incluso en las condiciones más difíciles.

La vida de Caín ha sido labrar la tierra. La vida de Caín ha sido reconocer que Dios impone las condiciones; pero el trabajo humano puede prosperar aun cuando estas condiciones son adversas. Por ello, pese a la imposición de deambular, de ser nómada, Caín logra establecerse. Al respecto, en *Midrash Tanjuma* (ed. Buber), Bereshit núm. 25, aparece la exégesis de que Dios anuló la sentencia de nomadismo debido a que Caín se arrepintió plenamente.

Debemos comprender que, para un agricultor, ser nómada es una situación insostenible. El agricultor, como Caín, se asienta en un lugar y ve pasar las estaciones, las inclemencias del tiempo, las sequías o las inundaciones, pero continúa luchando para que la tierra le dé sus frutos. El nómada busca los mejores climas, los mejores terrenos, que cambian de estación a estación. Busca su comodidad moviéndose de un sitio a otro. El agricultor, por el contrario, fuerza al sitio a transformarse en hospitalario.

Aquí vemos a Caín trabajando y construyendo para forzar al sitio a hacerse acogedor: «se estableció [Caín] en la tierra de Nod, al oriente del Edén» (Génesis 4:16). El nombre de esta tierra no es en absoluto casual. Es la tierra del nomadismo. La sentencia sobre Caín es: «Serás nómada y errante {NaD} [נד] en la tierra». Es, sin embargo, en la tierra de Nod {NoD} [נוד] donde se *establece*.[1] Allí crea: forma una familia, construye una ciudad y llama a su hijo y a la ciudad del mismo modo Henoc H̲aNoJ {*Janoj*} [חנוך] = «iniciar / fundar / inaugurar / educar». La palabra tiene todas estas acepciones, que indican comienzo y construcción. Con ese espíritu emprende Caín la recomposición de su vida. A pesar de haber fracasado y de haberse dejado llevar por impulsos que terminaron destruyendo, Caín no se resigna a dejar de construir. Podríamos decir que su nombre lo marca,[2] o, más bien, su carácter lo impulsa. Lo negativo, lo destructivo se arrastra efectiva y permanentemente a las puertas de la acción; busca, anhela, enlaza a Caín, pero, por último, Caín logra dominarlo. Ése es su sino... ése es su desafío.

A partir de esta corrección de rumbo, de esta construcción sobreponiéndose a las condiciones adversas, surge la cultura. Cultura como un intento de dominar el impulso destructivo, de canalizar las fuerzas por las sendas de la construcción. Pero esta misma cultura puede ser una trampa. Ahora la destrucción puede encontrar una justificación: lucha cultural, sofisticación de la palabra, legalismo árido, interpretación falaz. Lemek, el hijo del tataranieto de Caín, mata y justifica, apelando, incluso, a la señal de defensa de su antepasado.[3]

Sin embargo, son los hijos de Lemek, los descendientes de Caín, quienes inician las artes y los oficios. La misma fuerza destructiva puede tornarse en constructiva: «Lemek tomó dos mujeres: una se llamaba Adá y la otra se llamaba Tzilá. Adá dio a luz a Iaval, quien fue el fundador de los que se asientan en tiendas y poseen ganado. Su hermano se llamó Iuval, quien fue el iniciador de los que tocan la cítara y la flauta. También Tzila dio a luz a Tuval-Caín, el maestro de todos los

---

1. Gerahard von Rad, por ejemplo, dice sobre la tierra de Nod: «No nos es conocida geográficamente una tierra de Nod; más importante es el hecho de que el hebreo reconoce en el nombre la palabra *nad*, "fugitivo". Es, por tanto, la tierra de la inestabilidad» (G. von Rad, *op. cit.*, pág. 107).
2. *Véase* capítulo IV.
3. Ver Génesis 4:23-24.

trabajadores del cobre y del hierro. La hermana de Tuval-Caín era Naamá» (Génesis 4:19-22).

Es interesante señalar que Naamá es mencionada aquí sin más datos sobre ella. La expectativa es que, en general, todo aquel que es mencionado en la Biblia por su nombre tiene alguna función o cumple algún rol que al texto le es importante señalar. Incluso aquellos nombres como Irad, Mejuiael o Metushael, sobre los cuales tampoco se tienen más datos, sirven como nexos, como puentes que nos llevan a las siguientes generaciones. En el caso de Naamá, nada de esto se cumple. Algunos Sabios Judíos conectan, entonces, a Naamá con algún hito importante en el desarrollo del relato bíblico. Uno de ellos, Rabi Aba bar Kahana, alega que Naamá era la esposa de Noé.[4] Con ello, este sabio mantiene la secuencia de construcción que se produce a través de la descendencia de Caín: un descendiente de Set y otro de Caín son quienes se transforman en la primera pareja de seres humanos en el nuevo mundo que hay que construir tras el diluvio.

---

4. Génesis Raba 23:3 e Ialkut Shimoni Gén. 38.

XIII

Resumen y primera conclusión

Tras este largo análisis, hemos ido descubriendo algunos aspectos que permanecían ocultos en el texto sobre Caín y Abel. Hemos podido comprobar que el relato no tiene como objetivo aleccionar al ser humano sobre lo malo de matar. Como dijimos al comienzo, no es necesario tal relato para establecer la prohibición de asesinato. Más aún, si el castigo sufrido por el criminal no se condice con la gravedad del crimen, como en nuestro relato, podríamos aducir que éste reduce su valor aleccionador si se refiriera sólo al asesinato.

En los capítulos precedentes hemos podido descubrir a un Caín y a un Abel distintos: Abel no es ni tan justo ni tan santo, y Caín tampoco es ese horrendo criminal ni ese ser tan malvado que nos han dibujado las generaciones pasadas.

Hemos visto también la importancia que el texto bíblico otorga al significado de los nombres y su relación con las características de las personas. Por ello, no podemos dejar pasar por alto el hecho de que el nombre de Abel conlleva un significado negativo: «Vano». Por otro lado, el nombre de su hermano Caín es claramente positivo: «Forjador».

En nuestro análisis hemos mostrado que Caín es quien se dedica a una tarea que Dios ha indicado, mas no su hermano Abel. Caín es quien trabaja la tierra, quien cumple con el mandato «comerás el pan con el sudor de tu frente». Esa relación con la tierra lo hace más cercano a la plegaria, a la petición a Dios, ya que el agricultor depende por completo de las bondades de la naturaleza: de las buenas lluvias, el buen clima, que las plagas no azoten sus cultivos. A diferencia del pastor, el agricultor siente de forma más inmediata los dones (y las quitas) de Dios.

Podríamos postular que Caín tenía una relación con Dios más cercana que la de su hermano Abel. El texto bíblico hace hincapié en esta relación, ya que Dios entabla diálogo sólo con Caín, mientras que con Abel no intercambia palabras.

Por ello, la reacción de Caín al ver que, con la ayuda de Dios, el fruto de su trabajo ha progresado, no es más que natural: Caín decide hacer una ofrenda para mostrar su agradecimiento por la ayuda recibida. Abel sólo imita la acción de su hermano.

Entramos, entonces, en el problema de la preferencia de Dios. ¿Cómo es posible, tras lo que hemos explicado, que Dios prefiera la ofrenda de Abel a la de Caín? Nos hemos extendido sobre este punto y hemos descubierto que lo que sucedió no es una cuestión de preferencias. Dios atendió la ofrenda de Abel como algo «sorprendente». No era de esperar que Abel iniciara ahora una relación con Dios. La acción de Dios puede, incluso, entenderse como la de «salvar» la ofrenda de Abel, ya que ésta implicó matar al animal, lo que no estaba contemplado (y podríamos decir que ni siquiera permitido) en el orden establecido por Dios fuera del Edén. El medio utilizado fue destructivo, negativo, pero Dios «se tornó» hacia Abel para darle una nueva oportunidad, ya que el fin auguraba el comienzo de una relación con Dios. Pero en el caso de Caín, la ofrenda era esperada y bienvenida. No había necesidad ni de salvarla ni de tornarse hacia ella ni hacia quien la portó. La relación con Caín ya estaba establecida. En todo caso, podríamos pensar que Dios quiere impulsar a Caín a mejorarse. Podríamos hacer una parábola con el caso de un maestro que tiene dos alumnos: uno excelente y otro al que no le importan en absoluto ni los estudios ni lo que el maestro indica. Tras un tiempo, el maestro ya no espera que el alumno inaplicado intente cambiar de rumbo. De manera que se sorprende cuando un día éste le presenta un trabajo imitando la actitud del alumno aplicado. Si bien el trabajo del inaplicado es, en este caso, de muy baja calidad, el maestro lo recibe con ampulosidad para darle el incentivo para que continúe. Pero el trabajo del alumno aplicado, si bien de mejor calidad en comparación con el otro, no es suficiente comparado con las capacidades del propio alumno aplicado, por lo que el maestro lo insta a mejorarlo. Un maestro que se precie comparará los resultados de sus alumnos con las capacidades y progresos individuales de cada uno y no con los resultados de cada uno de ellos entre sí. Pero el alumno muchas veces cae en el error de compararse con su compañero, mas no consigo mismo.

Esto es lo que sucedió con la ofrenda de los hermanos. Dios recibió la ofrenda de Abel sin compararla con la de Caín, y aceptó la de Caín sin referencia a la de Abel. No existió preferencia de una ofrenda sobre la otra, ya que a cada uno le prestó distinta atención sobre la base de las propias capacidades y características de cada uno de los hermanos. Quien hizo la conexión entre los resultados de las ofrendas fue Caín (y nosotros, los lectores del texto). Esa comparación con los logros de su hermano llevó a Caín a enojarse y a ponerse carilargo. La reacción de Caín, su disgusto y su decepción son producto de la interpretación que éste hace de los hechos, que probablemente sea errónea y a la cual arribó por falta de juicio y dejándose guiar por sentimientos más que por la observación objetiva.

Ante la reacción de Caín, Dios le presenta un desafío, que es, en definitiva, un reto a toda la humanidad: «Tanto si logras aceptarlo como si no lo logras, el acto erróneo yace a la puerta. Él te codiciará, mas tú lo dominarás». Las cosas no siempre son como las quieres o como las planeas, ni los resultados estarán siempre de acuerdo con tus expectativas o con tu perspectiva de las cosas. Esto es así, quieras aceptarlo o no, quieras comprenderlo o no. Pero en ti está la posibilidad de sobreponerte a tu propia frustración.

Aquí yace todo el secreto y el sentido de este relato. Lo demás son los ejemplos de fracaso y de reparación de Caín en su intento de sobrellevar la tensión de este desafío.

Louis Finkelman presenta un interesante análisis sobre el enfoque del místico judío Haim Vital (Safed 1542-1620) sobre la personalidad de Caín. Dice Finkelman: «El deseo de Caín de servir a Dios es tremendamente grande. El ímpetu es de tanta fuerza que lo lleva a la violencia. Este entusiasmo es una ventaja a medias: lo malo en Caín es su tendencia al celo y a la agresividad; lo bueno en Caín es su profundísimo deseo de servir a Dios. Cuando el deseo profundo de hacer actos buenos desborda, se transforma en violencia».[1]

Así, el homicidio es un fracaso de Caín a la hora de dominar sus impulsos. No está relacionado con la ofrenda ni es producto de los celos.[2] Hubo una discusión. ¿Cuál fue el tema? ¿Cómo se produjo la reyerta? Eso es ya conjetura de cada lector, pues el texto permanece eternamente abierto, para que cada uno de nosotros lo rellenemos con nuestros temas, con nuestras reyertas. Sólo sabemos la reacción. Sólo sabemos a qué puede conducir aun en la persona positiva, constructiva. Es más, quizás justamente por ser positivo y constructivo, por tener ese vigor y ese impulso de hacer y de mejorar, Caín se vio expuesto a desatar la potencia de destrucción. La misma fuerza que lo lleva a construir, a forjar, a iniciar, puede transformarse en elemento pernicioso cuando está fuera de control.[3] Caín destruye una vida, aun cuando su intención original no hubiera sido esa. Sí tiene un arranque de furia, sí se abalanza contra su hermano, sí quiere dañarlo. No necesariamente quiere matarlo. No necesariamente *sabe* que puede matarlo. No nece-

---

1. Louis Finkelman, «The Romantic Vindication of Cain», CUNY, NY 1992, págs.131-137, citado en «Sipuré Bereshit» («Relatos del Génesis»), pag 169, editado por Tanya Zion, Yeditoh Aharonot, Tel Aviv, 2002.

2. Vleminck nos presenta la reacción de Caín como un arquetipo de «pulsionalidad paroxística». Szondi, por su parte, sostiene que la agresividad es parte intrínseca de la pulsión; no hay pulsión de agresividad, sino que ésta es parte constitutiva de toda pulsión. Vleminck escribe: «El Caín "puro", como lo vemos en acción en el mito, es, según Szondi, el arquetipo del modo psicopatológico de la pulsionalidad paroxística humana universal» (De Vlemnick, op. cit., pág. 311).

3. Philip Culbertson caracteriza a Caín como una «extensión narcisística» de Eva, lo que lo hace «relacionalmente peligroso»: «Yo y otros interpretamos psicodinámicamente la declaración de Eva como una respuesta narcisista. [...] Caín, entonces, es lo que se llamaría una extensión narcisista, y por lo tanto es relacionalmente peligroso para los demás, no porque sea emocionalmente inestable, sino porque lleva el narcisismo de su madre. [...] Parece hambriento de un apego seguro, ya sea a su madre o a Dios —lo que lo aliviaría de la incertidumbre y la ansiedad que caracterizan las extensiones narcisistas—. Quizás es esta hambre lo que le impulsa a traer una ofrenda que Dios no ha ordenado». Ver Philip Culbertson, «De-demonising Cain? and wondering why?», en *The Bible and Critical Theory*, vol. 2, núm. 3 (2006), págs. 28.2-3.

sariamente sabe *cómo* matarlo. Sólo ve la consecuencia una vez que el acto se realizó.

Aquí llega el turno del siguiente fracaso, esta vez más grave. Caín no reconoce su propia responsabilidad en el hecho y culpa a otro. Esto es más grave, pues implica toda acción humana y no sólo este o aquel acto específico. Las preguntas de Dios (tanto la dirigida a Adán tras comer del fruto o a Caín, en nuestro caso) apuntan a que el ser humano tome conciencia de su acción y sus consecuencias. En eso se caracteriza el humano y en eso se diferencia de los animales. Las acciones tienen consecuencias, tanto buenas como malas, y el ser humano debe estar atento a ello y tomar sobre sí plena responsabilidad, ya que no hacerlo lo lleva, de manera indefectible, a resultados destructivos.

Entiendo que los impulsos a lo positivo o a lo negativo (conocidos como *ietzer ha-tov* e *ietzer ha-ra* en la bibliografía rabínica), y siguiendo ciertos *midrashim,*[4] no son del todo constructivos o destructivos. La tarea del ser humano es aprender a dominar los dos impulsos, pues dominados, son fuerzas constructivas. El problema surge cuando la persona está *dominada* por alguna de las dos fuerzas. En ese caso, ya sea con fines positivos o negativos, las consecuencias son destructivas (por ejemplo, matanzas en nombre del bien, de la verdad, de la pureza).

Caín ha roto su relación con la tierra y con Dios. Ha establecido un desequilibrio y debe encontrar de nuevo el equilibrio perdido.

Es el carácter de Caín, la fuerza de construcción que tiene, lo que lo lleva a lograr echar raíces allí donde nada se establece, allí donde no hay casi posibilidades de hacer. En contra de las condiciones dadas, Caín logra sobreponerse. Caín, el forjador, yerra, cae y fracasa; pero se levanta, continúa, crea e intenta reparar. Caín inicia la cultura, ése es su legado, pues en la cultura está la tensión entre la construcción y la destrucción, entre el dominio de las fuerzas o su azote. Ésa es su paradoja y ése es su desafío.

---

4. Ver, por ejemplo, Génesis Raba 9:7, Ecles. Raba 3:3, Ialkut Shimoni Gén. 16.

XIV

Segunda conclusión: ¿qué función tiene este relato?

Si este relato no tiene como función aleccionarnos sobre lo espantoso y deleznable del asesinato, ni tampoco enseñarnos que todo asesinato es, en última instancia, el asesinato de un hermano, ¿por qué se incluyó en la Biblia y qué función tiene?

No podemos separar este texto de los que lo preceden y suceden. Necesariamente hemos de contextualizarlo, ya que no se presenta como una anécdota aislada, sino como un paso más en la descripción del carácter del ser humano. Y esta descripción de carácter que hace el Génesis presenta las bases para la modificación de ese mismo carácter en vistas a una mejora en el espíritu humano.

Tomadas en su conjunto, las tres primeras historias de los humanos que aparecen en Génesis (Adán y Eva, Caín y Abel, y Noé y el Diluvio) nos hablan de tres aspectos de la responsabilidad en el ser humano. El problema principal es, a fin de cuentas, el fracaso de ese humano a la hora de asumir la responsabilidad de sus actos y al asumir las consecuencias de su acción o de su omisión.[1]

Como hemos visto en los párrafos anteriores, no se trata de una sola historia, sino de una sucesión de pequeñas anécdotas en las que se nos

---

1. Sobre el significado de los relatos de Adán y Eva y de Noé y el Diluvio, en lo que respecta a la toma de responsabilidad (o más bien al fracaso en cumplir con esa misión) escribiré, si Dios quiere, más adelante en otros ensayos.

presenta una personalidad compleja como la de Caín y otra, quizás menos compleja, pero sin duda completamente distinta, como la de Abel.

Parece que esta cadena de relatos nos ubica ante una realidad fatalista: los nombres preestablecen un determinado carácter del cual los personajes no pueden salir. Pero pronto encontramos a Abel el «vano», quien no sigue las ordenanzas de Dios, no establece con Él un vínculo, no reconoce su dependencia de las gracias del Creador, un Abel que decide imitar a su hermano al presentar una ofrenda a Dios. Abel tiene un comienzo de cambio. No está encerrado en el destino previsto por su nombre ni sigue ciegamente los dictámenes de su carácter vano o quizá displicente. Por ello, Dios le presta el auxilio y el incentivo necesarios. Del mismo modo, vemos a Caín, quien es el «forjador», el que construye, quien inicia procesos, que está pendiente de las gracias de Dios y establece con Él una relación profunda, un Caín que no tiene asegurado el éxito en la vida, sino que debe esforzarse permanentemente para lograr su cometido, debe arribar a la meta una y otra vez. El hecho de estar cerca de Dios o de sentirse cerca de Él no le da automáticamente una «carta blanca» de aciertos o éxitos. Más aún, ese mismo espíritu forjador puede transformarse en lo contrario, en un arma destructiva para sí mismo y para otros.

No se trata, entonces, de fatalismo, sino justo de lo contrario. La magia de este texto consiste en situarnos ante algo que aparenta ir en un sentido (fatalismo, destino, polaridad entre bueno y malo), pero que requiere nuestro análisis como lo requiere la vida, para descubrir que se dirige hacia otra dirección (apertura, posibilidad de cambio, riqueza de gamas entre los extremos, complejidad de sentimientos y reacciones).

Se trata, pues, de conocer los riesgos y aceptar los desafíos que presenta la vida. De no dejarse arrastrar por conclusiones rápidas. De no dejarse llevar por el fatalismo ni por la convicción de que hay un destino ineludible que nos guía inexorablemente. De no calificar la realidad según sólo dos categorías opuestas: bueno-malo, luz-oscuridad, crimen-justicia. Puede que cada uno de nosotros sea como Caín, «forjadores» de nuestra vida, o como Abel, vanos y displicentes. Pero en cualquiera de los dos casos, las puertas no están cerradas. El displicente puede poner manos a la obra y generar un cambio positivo. El forjador puede llegar a destruir; pero aun después de esa destrucción puede sobreponerse y retomar el camino positivo de la construcción, del avance, de la mejora, a pesar de las condiciones adversas.

Frank Barron, psicólogo que estudió la creatividad en el ser humano, escribió en un artículo de 1958:

> Los individuos creativos son muy observadores y valoran la observación precisa (que les dice la verdad) más que otras personas. [...]
> [...] Por lo tanto, son independientes en su percepción y valoran una percepción más clara. Sufren mucho para poder testificar de forma correcta. Se sienten motivados por este valor y por el ejercicio de sus talentos (observación independiente, aguda), ya sea por la autopreservación y en interés de la cultura humana y su futuro. [...]
> La personalidad es más fuerte cuando puede hacer una regresión (admite las fantasías primitivas, las ideas ingenuas, los impulsos prohibidos en la conciencia y en la conducta) y, sin embargo, pueden regresar a un alto grado de racionalidad y autocrítica. La persona creativa es, a la vez, más primitiva y más culta, más constructiva y más destructiva, más loca y más cuerda que la persona común.[2]

El relato de Caín (ya no de Abel) es más bien una llamada de atención a nosotros, los lectores, a nuestro juicio sobre nuestra vida y sobre la de los otros. Una llamada de atención a nuestros sentidos y a nuestra capacidad de juicio. Este relato apunta a que desarrollemos nuestra capacidad de leer y comprender más allá de lo que nuestros ojos ven en primera instancia. Este relato nos desafía a que hagamos un ejercicio de interpretación que implique nuestra liberación de los prejuicios, ya sean positivos o negativos, de los que estamos cargados. Ni Caín es malo, ni Abel es bueno, ni Dios elige a uno en perjuicio de otro, ni el acto de uno es consecuencia directa de los resultados que vimos anteriormente. Todo esto requiere un juicio profundo y no una conclusión rápida basada más en un sentimiento de aceptación o de repugnancia. En este

---

2. Frank Barron, «The Psychology of Imagination», en *Scientific American*, vol. 199, núm. 3 (sep. 1958), pag, 164.

punto erró Caín. Su conclusión sobre los resultados de la ofrenda estaba sustentada en un sentimiento y no en un juicio. Su segundo error, el homicidio, también fue producto de una comprensión del sentimiento y no del juicio. Su tercer error, no asumir la responsabilidad de su acto, sino más bien achacársela a otro, también fue producto de una falta de juicio, guiado tan sólo por el impulso de sobrevivir.

Éste es un relato que nos enseña la necesidad del dominio de los actos incitados por las pasiones. Los sentimientos se producen sin un control del juicio, y esto es bueno y natural; pero la acción en sí, nuestra influencia en el exterior, debe ser necesariamente mediatizada por el pensamiento, el razonamiento, el juicio. Los sentimientos y los prejuicios, tanto positivos como negativos, obnubilan nuestras mentes y nos llevan a acciones y reacciones que serán, en última instancia, negativas y destructivas (aunque, paradójicamente, puedan haberse iniciado de una fuente positiva o constructiva).

Éste es el relato del desafío que Dios lanza a todo ser humano en tanto seres que compartimos elementos animales y divinos. La frase de Dios a Caín es, en última instancia, el *leitmotiv* de la vida humana: «Puedas o no puedas sobrellevarlo, la acción errónea se arrastra a las puertas, y te va a buscar ansiosamente; pero tú podrás dominarla». No se trata de eliminarla, sino de dominarla. Una acción bien encaminada puede transformarse de negativa a positiva.

Los caminos de nuestra vida no están cerrados por un destino forzoso, sino que se abren, se extienden y se bifurcan según nuestras propias acciones, decisiones y, sobre todo, capacidad de cambio.

Cada uno de nosotros es Caín, pero también es Abel. Cada uno de nosotros es Adán, pero también Eva. En cada uno de nosotros se encuentran y se enfrentan la desidia y la iniciativa, la obediencia ciega y la displicencia, dejarnos arrastrar por otros y tomar nuestras propias decisiones, errar y corregir el rumbo, el juicio y el prejuicio, la capacidad de asumir y aceptar la responsabilidad de nuestros actos y la necesidad animal de escapar, echando a otros las responsabilidades y las culpas de nuestras propias acciones.

No es éste, pues, el relato del primer asesinato. Es, más bien, la historia de la personalidad compleja que implica Caín: ímpetu, ambición, espiritualidad, sentimiento, reacción pasional, construcción, deseo de compartir, esperanza, decepción, destrucción, irresponsabilidad, capacidad de cambio, fuerza de voluntad para sobreponerse y volver a construir.

Es, en última instancia, el relato del mismísimo lector y su encuentro con el desafío de Dios para la vida humana.

Glosario

Abrahán	*Transcripción en castellano del nombre del primer patriarca del Pueblo Judío. Su nombre en hebreo es Abraham. Sin embargo, la Torá explica que su nombre original era Abram {Avram}; pero Dios se lo cambió al prometerle una gran descendencia {Av-Raham = Padre de multitud}.*
Apócrifo	*Libro o texto de carácter semisagrado que no ha sido introducido en el canon bíblico. Muchos de los apócrifos judíos se han incluido, sin embargo, en el canon bíblico católico.*
Avrabanel, Isaac	*Sabio judío español del siglo XV. Escribió, entre otras cosas, una larga exégesis a la Torá, que suele presentar en forma de preguntas que luego responde. Es conocido también como Abrabanel.*
Bejor Shor	*Iosef ben Itzjak Bejor Shor fue un pensador judío francés del siglo XII. Entre sus escritos se encuentra una extensa exégesis a la Biblia.*
Bereshit Raba	*Colección de midrashim sobre el libro del Génesis. Fue compilado en Israel en el siglo V. En castellano también se cita como Génesis Raba.*
Deut.	*Abreviatura del nombre del libro de Deuteronomio.*

Filón de Alejandría	*Filósofo judío de lengua griega que habitó en la ciudad de Alejandría, al norte de Egipto, en el siglo I.*
Gen.	*Abreviatura del nombre del libro del Génesis.*
Halajá	*Ley judía. El origen de estas leyes son, sobre todo, los mandamientos de la Torá, pero hay halajot que surgieron sin una relación directa con aquellos. Una de las primeras fuentes de halajá es el Talmud, pero ésta se ha seguido desarrollando por medio de las exégesis y las respuestas rabínicas a lo largo de los siglos hasta nuestros días.*
Ibn Ezra	*Exégeta bíblico, poeta, gramático, filósofo, astrónomo y médico. Su nombre completo era Abraham ben Meir ibn Ezra. Nació en Tudela (España) en 1089 y murió en Inglaterra en 1164.*
Ionatán ben Uziel	*Alumno del sabio Hilel (siglo I a.e.c.). A él se le atribuye la traducción al arameo de la sección de los Profetas de la Biblia. Si bien esta traducción se basa en versiones antiguas, no fue compilada hasta el siglo. II e.c. Por error se le atribuye una traducción de la Torá, que en realidad se llamaba Traducción de Jerusalén {Tárgum Ierushalmi}.*
Iovel	*El jubileo. Es un año en el que, de acuerdo con la Torá, las tierras vendidas vuelven a sus poseedores originales y todos los esclavos son redimidos. El Iovel se producía cada cincuenta años.*
Itzjak	*Nombre hebreo del hijo de Abraham. Es uno de los tres patriarcas del Pueblo Judío. En castellano se transcribe como Isaac.*

Jacob	*Transcripción en castellano del nombre hebreo del hijo de Isaac {Itzhak}. Es uno de los tres patriarcas del Pueblo Judío. Su nombre en hebreo es Yaakov. Sin embargo, la Torá explica que Dios le cambió su nombre original por el de Israel después de que el patriarca, tras 21 años fuera de su tierra, venciera a un ángel en una lucha (que quizás simboliza las diversas conmociones que Jacob sufriera durante esos años). Israel deriva de "iasar El" que podría traducirse por "quien se sobrepone al Poderoso"..*
Jam	*Nombre hebreo de uno de los tres hijos de Noaj {Noé}. En castellano se transcribe como Cam.*
Jarán	*Poblado de Aram (en la zona de Siria), donde vivía la familia de Abraham. En algunas versiones en castellano suele transcribirse como Harán, confundiendo el nombre del poblado con el de uno de los hijos de Teraj.*
J-E (fuente)	*En la teoría de la crítica bíblica, fuente documental que reúne los relatos de la fuente J (Jahavista) y la fuente E (Elohista).*
Josué	*Transcripción en castellano del nombre del sucesor de Moisés {Moshé}. Su nombre en hebreo es Yehoshúa. Sin embargo, la Torá explica que su nombre original era Oseas {Hoshea'}, pero después de que Dios lo designara como sucesor de Moisés, éste le cambió el nombre.*
Lev.	*Abreviatura del nombre del libro de Levítico.*
Lot	*Sobrino de Abraham, hijo de su hermano Harán.*
Malbim	*Acrónimo de Meir Leibush ben Iejiel Mijel Weiser, rabino y comentarista judío europeo oriental del siglo XIX.*
Masorá	*Tradición que establece cómo es el texto escrito de la Biblia, tanto en lo que respecta a las letras mismas del texto como a los signos vocálicos y los signos diacríticos de puntuación (taamé hamikrá).*

Midrash	*Relato o explicación exegética y alegórica de un pasaje o de un tema bíblico. Su plural es Mi-drashim.*
Midrash Tanjuma	*Colección de midrashim antiguos. Se supone que fue redactada alrededor del siglo IX.*
Mishná	*Compilación de las leyes y decisiones de los rabinos de entre el siglo I a.e.c. y hasta aproximadamente el año 200 e.c. Esta compilación fue realizada por Rabi Iehuda ha-Nasí, y es la base para las discusiones talmúdicas posteriores. La compilación de la Mishná está dividida en 6 órdenes (unidades temáticas generales), y cada una se divide en tratados (unidades temáticas particulares). Cada ley particular dentro de la Mishná también se denomina Mishná.*
Mitzvá / Mitzvot	*Palabra hebrea con la que se designa a los mandamientos que Dios indicó en la Torá. Mitzvá es el singular, mientras que Mitzvot es el plural.*
Moshé	*Nombre hebreo de Moisés.*
Najor	*Nombre hebreo del segundo hijo de Téraj. En algunas versiones en castellano suele transcribirse como Nacor.*
Noé	*Transcripción en castellano del nombre del personaje bíblico rescatado del Diluvio. En hebreo se llama Noaj.*
Onkelos	*Conocido como el traductor de la Torá al arameo, Onkelos fue un converso al judaísmo que vivió en el siglo 2 e.c. en Israel y fue alumno de dos grandes sabios de la época, Rabi Eliézer ben Horcanus y Rabi Iehoshúa ben Jananiá. Se dice que pertenecía a una familia encumbrada de Roma.*
Pesaj	*Fiesta judía que celebra la salida de la esclavitud de Egipto.*

Pirké de Rabi Eliezer	*Colección de* midrashim *y de* agadot *sobre la Torá, redactado, según parece, en el siglo* VIII *e.c.*
Pseudo-Ionatán	*Traducción al arameo de la Torá, conocida originalmente como Traducción de Jerusalén {Tárgum Ierushalmi}. No es una mera traducción, sino que incluye también muchos* midrashim. *Fue compilada definitivamente, según parece, en el siglo* VIII *e.c.*
Radak	*Acrónimo de Rabi David Kimhi, rabino, exégeta y gramático medieval. Vivió en la Provenza en el siglo* XII.
Rambán	*Acrónimo de Rabí Moshé ben Najmán, exegeta judío nacido en Gerona (España) en 1194 y fallecido en Israel en 1270.*
Rashbam	*Acrónimo de Rabi Shmuel ben Meir, exégeta de la Biblia y del Talmud, uno de los fundadores de la escuela de los Tosafistas. Era nieto de Rashi y vivó en Francia en el siglo* XII.
Rashi	*Acrónimo de Rabi Shelomó Itzjaki, uno de los más conspicuos exégetas judíos. Nació en Troyes (Francia) en 1040 y murió en Worms en 1105.*
Recanati	*Menajem Recanati fue un rabino y místico judeo italiano del siglo* XIII. *Su exégesis a la Torá posee influencias místicas.*
Seudoepigráfico	*Libro atribuido a un autor que no es el verdadero*
Sh.R. Hirsch	*Shimshon Raphael Hirsch fue un rabino e intelectual judeo alemán del siglo* XIX, *fundador del movimiento intelectual que llevó al desarrollo de la llamada Neoortodoxia.*
Shavuot	*Festividad de las Semanas. Acontece cincuenta días después de Pesaj y celebra la entrega de la Torá.*
Shem	*Nombre hebreo de uno de los tres hijos de Noaj {Noé}. En castellano se transcribe como Sem.*

Shemitá	*Año sabático en el que, de acuerdo con la Torá, está prohibido trabajar la tierra, la cual ese año da sus frutos de manera espontánea. Es un año en el que también quedan anuladas todas las deudas que no han podido ser pagadas hasta entonces. El año sabático sucede una vez cada siete años. Tras un ciclo de siete años sabáticos* (shemitot) *se sucede el año 50, que es el* Iovel *(Jubileo).*
Shmot Raba	*Colección de* midrashim *sobre el libro del Éxodo. Se supone que fue compilado entre los siglos X-XII sobre la base de antiquísimas homilías ya existentes. En castellano también se cita como Éxodo Raba.*
Sifré	*Recopilación de* midrashim *de ley judía* (halajá) *de la época tanaítica (siglos I a III) y que trata sobre las leyes de los libros de Números y Deuteronomio de la Torá. Se supone que su redacción final es de la época de los amoraím, entre los siglos IV y VI.*
Sodoma y Gomorra	*Ciudades en la zona del valle del mar Muerto. Esa zona era conocida por su riqueza de suelos antes del cataclismo que llevó a la destrucción de las ciudades. Había en ese territorio cinco ciudades, que se mencionan en los capítulos anteriores. Sodoma y Gomorra (llamadas Sdom y Amorá en el original hebreo) eran las más grandes y famosas. Las otras ciudades destruidas fueron Admá y Tzboim (que suele transcribirse como Zeboim). La quinta ciudad, Tzoar, se salvó por estar alejada de las anteriores y no haberse dejado influir tan profundamente por la iniquidad de aquéllas. Hacia allí fue Lot con sus hijas para salvarse del desastre.*
Sucot	*Fiesta de las Cabañas, donde se recuerda la estancia de los israelitas en el desierto durante cuarenta años. La fiesta dura siete días, durante los cuales los judíos comen dentro de cabañas. Muchos también suelen dormir y pasar la mayor parte del tiempo posible dentro de éstas, llamadas* sucot.

Talmud	*Obra monumental que compila las leyes, los comentarios, las discusiones y la filosofía de los sabios judíos de entre el siglo I a.e.c. hasta fines del siglo VI e.c. Consta de dos partes: Mishná, que compila la enseñanza de las leyes, y Guemará, que incluye los comentarios que se desprenden del estudio de la Mishná. El Talmud se divide en seis órdenes (unidades temáticas generales) y cada una se divide en Tratados (unidades temáticas particulares).*
Talmud Babilónico	*Talmud cuya Guemará fue compuesta en Babilonia. Las referencias sobre él suelen anotarse consignando el Tratado y el número de folio, señalando como a o b según se refiera a frente o a dorso (ejemplo: Brajot 3a).*
Talmud Jerosolimitano	*Talmud cuya Guemará fue compuesta en Israel (sobre todo en Galilea).*
Tanaj	*Uno de los nombres hebreos para designar la Biblia. Es el acrónimo de las tres partes que la forman: Torá, Neviim (Profetas), Ketuvim (Hagiógrafos). Por su posición al final de palabra, la K (kaf) que representa a Ketuvim se transforma en J (jaf).*
Targum Ionatán	*Ver Pseudo Ionatán.*
Teraj	*Nombre del padre de Abraham. En algunas versiones en castellano suele transcribirse como Taré.*
Toldot Itzjak	*Libro de sermones, parábolas y alegorías sobre la Biblia, escrito por Rabi Itzjak Karo, sabio judío nacido en España en 1458. Sufrió la expulsión de los judíos de España y terminó sus días en Turquía en 1535. Fue también el tío del Rabino Iosef Karo, autor del Shulján Aruj.*
Torá	*Conjunto de los primeros cinco libros de la Biblia. Literalmente quiere decir «Enseñanza». En castellano suele llamarse Pentateuco.*

Yalkut Shimoni	*Antología de* midrashim *(extraídos de colecciones previas) sobre todos los libros de la Biblia. Comenzó a circular en Europa ampliamente en el siglo* xv.

Anexo I

Equivalencias fonéticas

Letra hebrea	Equivalencia
א	ʿ
ב	V
בּ	B
ג	G (siempre suave)
ד	D
ה	H (aspirada, como en inglés; muda al final de palabra)
ו	W (suena como «v» o como «u»)
ז	Z (zumbada)
ח	H̱ («j» muy suave)
ט	Ṯ
י	Y (suena siempre como «i»)

Letra hebrea	Equivalencia
כ	J
כּ	K
ל	L
מ / ם	M
נ / ן	N
ס	S
ע	ʼ
פ	F
פּ	P
צ / ץ	TZ
ק	Q
ר	R
שׁ	SH
שׂ	S
ת	TH
תּ	T

Signo vocálico	Equivalencia
X̣	a
X̲	a
X̤	a
X̣	e
X̲	e
X̤	e
X̣	e
X̲	i
X	o
ꞌX	o
X̤	o
X̣	u
ꞌX	u

Anexo II

Sobre la palabra HaTa'T
[חטאת]

Las palabras HaTa'T [חטאת] y HeT' [חטא] son, aparentemente, dos formas equivalentes del sustantivo derivado de la raíz H.T.' [ח.ט.א.], cuyo significado es «error», «falta». Esta raíz suele traducirse como «pecar», si bien esta acepción no es exacta, ya que «pecar» implica un acto voluntario de transgresión, mientras que H.T.' [ח.ט.א.] se refiere, muchas veces, a transgresiones involuntarias. Más aún, en muchas ocasiones, el significado es el de errar en la meta, pese a que los medios puedan ser correctos. Una de las formas del verbo significa, en efecto, «errar el blanco» al disparar (Jueces 20:16: «[...]todo el que acierta al tirar a la puerta y no yerra {YaHTi'} [יחטיא]». El sustantivo HaTa'T [חטאת] (o HaTa'aH [חטאה]), bajo la acepción de «error» –y no la de «sacrificio por falta», que también se denomina HaT'aT [חטאת]–, aparece 125 veces en la Biblia, mientras que HeT' [חטא] tan sólo se encuentra en 33 ocasiones. Si bien me resulta difícil establecer una clara diferencia entre las dos formas, los contextos en los que aparecen podrían dar a entender una sutil diferenciación. En la mayoría de los casos en los que aparece HaTa'T [חטאת] (aproximadamente 63) parece que hace referencia a acciones puntuales, sobre todo voluntarias (si bien a veces se habla de omisiones u errores). Algunos de estos ejemplos especifican con claridad que se trata de una acción, por ejemplo, Gen. 20:9; Exo. 32:31; Lev. 4:3, 23, 26, 28, 35; Lev. 5:13; Sam. I 15:23; Isa. 3:9, Isa. 30:1. En otras ocasiones (19), la palabra está relacionada con PeSHa' [פשע] = *crimen / felonía*, que también es, en definitiva, una acción concreta. Esta conexión se produce a veces marcando una graduación (por ejemplo, Exo. 34:7) y, en otras ocasiones, como expresión paralela (por ejemplo, Gen. 31:36; 50:17; Lev. 16:16, 21; Isa. 43:25; 58:1; Amós 5:12; Miq. 1:5; 3:8; Salmos 25:7). Existen también ocasiones (alrededor de 24) en las que la palabra está relacionada con 'aVoN [עון] = *perfidia*. También aquí la conexión puede señalar graduación (Exo. 34:7) o paralelismo (por ejemplo, Sam. I 20:1; Isa. 27:9; Jer. 14:10; 30:14, 15). En los casos restantes (sin contar el que nos ocupa especialmente en el contexto de Caín), podría entenderse la acepción de acción u acciones {negativas} concretas y específicas. Por el contrario, la forma HeT' [חטא] haría referencia a una situación más general, a un estado de la persona, más que a una acción concreta. En la mayoría de las ocasiones en que aparece la palabra (17), la consecuencia casi inevitable de ese estado es la muerte, ya sea a manos del tribunal humano, ya sea por decreto divino: Lev. 20:20; 22:9; 24:15; Núm. 9:13 (castigo de *karet*, por lo general entendido como muerte por decreto divino); 18:22, 32; 27:3; Deut. 19:15; 21:22; 22:26; 24:16; Rey. II 14:10; Lam. 1:8 (habla de *nidui* en un contexto de destrucción); Lam. 3:39 (habla de *onen*, el dolor ante el muerto reciente), Cron. II 25:4. En otras 5 ocasiones, el significado sería el de una situación no conmensurable por medidas judiciales, una acción no concreta, quizás un estado del sujeto (Lev. 19:17; Deut. 15:9; 23:22, 23; 24:15; Isa. 1:18). Por último, unas 4 veces, la palabra aparece asociada con 'aVoN [עון], al igual que HaTa'T [חטאת] (Ose. 12:9; Sal. 51:7; 103:10; Dan. 9:16). Tras esta breve investigación (que, sin duda, merece una mayor atención y aplicación), podríamos hacer una distinción básica entre ambas formas de la palabra y entender, entonces, por qué se eligió la forma femenina en el caso de Caín. HaTa'T [חטאת], por tanto, haría referencia a la acción errónea (por acción u omisión), concreta, puntual. Es la acción del ser humano. Mientras que HeT' [חטא] sería más bien un estado de la persona que erró o transgredió y que, debido a ese estado, producto de acciones reiteradas, está condenado a muerte ya sea a manos humanas, ya sea por decisión divina. A Caín, entonces, se le opone una acción negativa, mas no un estado permanente cuya implicación es la muerte. Como se trata de una acción, el sustantivo es, por tanto, HaTa'T [חטאת]; pero los verbos aparecen en forma masculina para resaltar la diferencia con la mención a Eva, como ya se ha comentado en este trabajo.

Bibliografía

—, *The Responsa Project*, Version 16, Bar-Ilan University, Ramat Gan, 2008.

ÁLVAREZ VALDÉS, ARIEL: «Caín y Abel y el pecado original "social"», en *Revista Bíblica*, Año 58, Buenos Aires, 1996, págs. 237-249.

APTOWITZER, V: *Kain und Abel in der Agada, den Apokryphen, der hellenistischen, christlichen und muhammedanischen Literatur* (Veröffentlichungen der Alexander Kohut Memorial Foundation), R. Löwit Verlag, Viena, 1922.

ARARAT, NISAN: «Sipur Kain ve-Hevel» («El relato de Caín y Abel»), en *Bet Mikra,* núm. 101, Jerusalén, ene-mar de 1985 (Tevet-Adar 5745), págs. 312-321.

BARRON, FRANK: «The Psychology of Imagination», en *Scientific American,* vol. 199, núm. 3, sep de 1958, págs. 151-166.

BEN YEHUDA, ELIEZER: *Milón ha-Lashón ha-ivrit ha-ieshaná ve-hajadashá* («Diccionario de lengua hebrea antigua y moderna»), Hemda y Ehud Ben Yehuda, Jerusalén, 1952.

BICK, EZRA: «Parashat Bereishit», en www.vbm-torah.org/parsha.61/01bereish.htm, Yeshivat Har-Etzion, Alon Shevut, 1997.

BODOFF, LIPPMAN: «Hellenism vs. Hebraism on the inevitability of tragedy: studying the Cain and Joseph stories», en *Midstream*, vol. 48, núm. 6, sep.-oct. de 2002, págs. 33-36.

BRUEGGEMANN, WALTER: *Genesis* - Interpretation, A Bible commentary for teaching and preaching, John Knox Press, Atlanta, 1982.

BURNETT, CHRIS: «A Sin Offering Lying in the Doorway? - A Minority Interpretation of Genesis 4:6-8», en *Master's Seminary Journal* 27, núm. 1,
2016, págs. 45-55.

BYRON, JOHN: *Cain and Abel in Text and Tradition: Jewish and Christian Interpretations of the First Sibling Rivalry*, Brill, Leiden, 2011.

CAHANA, ABRAHAM: (editor): *Ha-sefarim ha-ḥitzonim* (en hebreo), Makor
Publishing Ltd., Jerusalén, 1978.

CASSUTO, U.: (M. D.), art. Hevel, en *Entziklopedia Mikrait*, vol. II, Mosad
Bialik, Jerusalén, 1954, col. 779.

CASSUTO, U.: (M. D.), «Me-Adam ad Noaj» [«De Adán a Noé» (en hebreo)],
en *Perush al Sefer Bereshit* («Exégesis del Génesis [en hebreo]), Magnes
Press, Univ. Hebrea, Jerusalén, 1974.

COHEN, MARTIN S.: «Enochville» (en inglés), en *Conservative Judaism,* vol.
53, núm. 2, invierno de 2001, pag. 79.

CULBERTSON, PHILIP: «De-demonising Cain? and wondering why?», en *The
Bible and Critical Theory,* vol. 2, núm. 3 (2006), págs. 28.1-28.11.

DE VLEMINCK, JENS: «Caïn et Abel, fils prodigues de la psychanalyse?», en
L'Evolution Psychiatrique, 76, núm. 2 (2011), pags. 303-321.

EVEN-SHOSHÁN, AVRAHAM: *Hamilón he-Ḥadash* (ed. de 3 tomos), Kiriat Sefer, Jerusalén, 1983.

FERRADA, ANDRÉS: «Una lectura narrativa de Gn 4, 1-16: hermandad y violencia», en *Teología y Vida,* 57/3 (2016), págs. 335-366.

FILÓN DE ALEJANDRÍA: *The Works of Philo Judaeus*, traducido al inglés por
Charles Duke Yonge, George Bell & Sons, Londres, 1800 (digitalizado en
2006 por Google Books).

FILÓN DE ALEJANDRÍA: «Sobre el nacimiento de Abel y los sacrificios ofreci-
dos por él y su hermano Caín», §2, en *Obras completas de Filón de Alejandría*, trad. de José María Triviño, Acervo Cultural editores, Buenos Aires,
1976.

FINKELMAN, LOUIS: *The Romantic Vindication of Cain*, CUNY, Nueva York,
1992, págs. 131-137. Citado en *Sipuré Bereshit* («Relatos del Génesis»),
editado por Tanya Zion, Yeditoh Aharonot, Tel Aviv, 2002.

GESENIUS, WILHELM: *Hebräisches und Aramäisches Handwörterbuch über das
Alte Testament*, Leipzig, 1929, Verlag v. F.C. Vogel (17. Aufl.).

GINZBURG, LOUIS: *The Legends of the Jews*, The Jewish Publication Society of
America, Filadelfia, 1925.

GREENBERG, CHAYA: «Cain and Abel: (Mis) Managing Rejection and Unmet Expectations», en *Jewish Bible Quarterly*, vol. 44, núm. 2, 2016, págs. 116-124.

GUILAD, HAIM: «Sipur Kain ve-Hevel kifeshuto» («El relato de Caín y Abel en su sentido lato»), en *Bet Mikra*, núm. 96, Jerusalén, 5744 (1984), págs. 14-28.

GUNKEL, HERMANN: - Genesis, Mercer University Press, Macon, Georgia, 1977.

HAMILTON, VICTOR P.: *The Book of Genesis*, capítulos 1-17, William Eerdmans Publishing Co., Grand Rapids, Míchigan, 1990.

HARÁN, MENACHEM (ed. princ.): *Olam Ha-Tanach – Bereshit*, pag. 40, Davidson-Atai, Tel Aviv, 1993-1996.

HOCHERMAN, YAAKOV: «Hearot l'jama mikraot b'sefer Bereshit» («Notas sobre algunos versículos en el libro del Génesis»), en *Bet Mikra*, núm. 124, Jerusalén, oct-dic 1990 (Tishre-Kislev 5751).

KASHER, MENAJEM MENDEL - *Torá Shlemá*, tomo II, pág 226, nota 100, Jerusalén, 5696 (1936).

KASSNER, JONATHAN: «Kain und Abel», en Berndt, Frauke y Goebel, Eckart (eds.) *Handbuch Literatur & Psychoanalyse*, De Gruyter, Berlín, 2017, pags. 200-217.

KAUFMANN, IEJEZKEL: *Toledot ha-emuná ha-israelit* («Historia de la fe de Israel» [en hebreo]), tomo II, vol. II (vols. 4-5), Mosad Bialik, Jerusalén, 1960.

LITKE, JOEL: «The Messages of Chapter 4 of Genesis», en *Jewish Bible Quarterly*, vol. 31 (2003), págs. 197-200.

LOEWENSTAMM, SAMUEL: art. Kain ve-Hevel en *Entziklopedia Mikrait*, vol. VII, Mosad Bialik, Jerusalén, 1976, col. 122.

OPPENHEIMER, BINIAMIN: «Kain ve-Hevel (guilguló shel hamotiv mi hamizarh hakadmón, derej hamikrá vead lesifrut hahagadá ulesifré avot haknesiá», en Dorman, M., Safrai, Sh. y Stern, M. (eds.). *Sefer Zikaron le-Gedaliahu Alon -Mehkarim b'toldot Israel ubalashon ha-ivrit*, Hakibutz Hameuhad, Tel Aviv 5730 (1970), págs. 27-68.

PETERSON, JORDAN B.: «A Psycho-ontological Analysis of Genesis 2-6», en *Archive for the psychology of Religion* 29 (2007), págs. 87-125.

POPOVIĆ, ANTO: «Il grido del sangue del fratello ucciso - Il conflitto tra Fratelli secondo il libro della Genesi 4,1-16», en *Liber Annuus*, vol. 69, 2019, págs. 19-77.

ROSENSON, ISRAEL: «Lapetaj jatat rovetz: iunim bimekoma shel haadama be-maase Kain veHevel» (en hebreo), en *Megadim* 3 (5747), págs. 33-42.

SAMET, ELJANÁN: «Va-isha Hashem el Hevel ve-el minhato - ¿madúa?» («Atendió Dios a Abel y su ofrenda - ¿por qué?»), comentario a la *parashá Bereshit* en www.vbm-torah.org/hparsha-5/01beresh.htm, Yeshivat Har-Etzion, Alon Shevut, 1999.

SAMUEL, GADI: <u>Hilufe shemot ba-Mikra</u> («El cambio de nombres en la Biblia»), sitio www.daat.ac.il {http://www.daat.ac.il/DAAT/tanach/maama-rim/hilufey-2.htm}, julio de 2003.

SPEISER, EPHRAIM: «Avigdor – Genesis», The Anchor Bible, vol. I, Doubleday and Co., Garden City, Nueva York, 1964.

TUR-SINAI, N. H.: *Peshutó shel mikrá*, Kiriat Sefer, Jerusalén, 1967 (5727).

TUR-SINAI, N. H.: *Ha-Lashon ve-Hasefer*, vol. 2, Mosad Bialik, Jerusalén 5720 (1960).

VERMEULEN, KAROLIEN: «Mind the Gap: Ambiguity in the Story of Cain and Abel», en *Journal of Biblical Literature,* 133, núm. 1 (2014), págs. 29-42.

VON RAD, GERHARD: *Genesis – a commentary* (en inglés), The Westminster Press, Filadelfia, 1972.

WALTKE, BRUCE K.: «Cain and his offering», en *Westminster Theological Journal,* núm. 48, 1986, págs. 363-372, Westminster Theological Seminary.

WENHAM, GORDON J.: *Word Biblical Commentary*, vol. I: Genesis 1-15, Word Books, Texas, 1987.

WESTERMANN, CLAUS: *Genesis 1-11. A Continental Commentary*, Fortress Press, Minneapolis, 1984.

ZIMRAN, YISKA: *Sipuré ajim bamikrá: sugá, mivné umashmaut* («Relatos de hermanos en la Biblia: género, estructura y sentido»), tesis doctoral, Dept. de Biblia, Univ. Bar-Ilan, Ramat Gan, 5773 (2013).

ZION, TANYA (ed.): *Sipuré Bereshit* («Relatos del Génesis»), Yeditoh Aharonot, Tel Aviv, 2002.

ZUCKER, MOSHE (ed.): *Saadya's Commentary on Genesis*, Jewish Theological Seminary of America, Nueva York, 1984.

Índice temático

Índice